Maria Carballo Bär

Canela - Wie man Frau ist, ohne daran zu sterben

Maria Carballo Bär

Canela - Wie man Frau ist, ohne daran zu sterben

Blog-Kurzgeschichten

Bloggingbooks

Impressum / Imprint
Bibliografische Information der Deutschen Nationalbibliothek: Die Deutsche Nationalbibliothek verzeichnet diese Publikation in der Deutschen Nationalbibliografie; detaillierte bibliografische Daten sind im Internet über http://dnb.d-nb.de abrufbar.

Bibliographic information published by the Deutsche Nationalbibliothek: The Deutsche Nationalbibliothek lists this publication in the Deutsche Nationalbibliografie; detailed bibliographic data are available in the Internet at http://dnb.d-nb.de.

Coverbild / Cover image: www.ingimage.com

Verlag / Publisher:
Bloggingbooks
ist ein Imprint der / is a trademark of
AV Akademikerverlag GmbH & Co. KG
Heinrich-Böcking-Str. 6-8, 66121 Saarbrücken, Deutschland / Germany
Email: info@bloggingbooks.de

Herstellung: siehe letzte Seite /
Printed at: see last page
ISBN: 978-3-8417-7120-9

Inhalt

Von Mutter und Sohn

Nordamerika buchstabieren

Ich: N

Er: N

Ich: O

Er: O

Ich: R

Er: R

Ich: D

Er: D

Ich: A

Er: A (Gott, ist das Buchstabieren langweilig!)

Ich: M

Er: M (Wann hört das auf?)

Ich: E

Er: E (Will lieber mit den Lego-Piraten spielen.)

Ich: R

Er:? (Mist, ich habe nicht aufgepasst!)

Ich: I

Er:? (Jesses Josi, ich habe den Faden verloren.)

Ich: K

Er: ? (Meine Mutter schaut mich eindringlich an…. Oh je, ich muss was sagen, ähm, ähm….)

Ich: A

Er: IKEA!

Der Streber

Er: “Mama, morgen ist Besuchstag für die Eltern. Kommt ihr beide?”

Ich: “Ja sicher, Papa und ich sind in der ersten Schulstunde dabei.”

Er: “Das wird toll! Ich freue mich!”

Ich: “Aber häng nicht den Streber raus…”

Er: “Aber Mama, ich bin ein Streber! Ich kann Wörter lesen oder schreiben, welche meine Mitschüler nicht mal verstehen!”

(Wow, ich habe ein intelligentes Kind! Sicher denkt er zum Beispiel an “Defibrillator”, ein Wort, das er liebt. Oder das Wort “Image”, welches ich ihm neulich erklären musste.)

Ich: “Oh Schätzchen, das weiss ich doch! An welches Wort hast du gerade gedacht?”

(Na, na, na? Sag es schon, mein Augapfel, mach deine Mutter stolz!)

Er: “Fuck! Man schreibt das Wort: F..u..c..k! Und nicht, wie es die anderen Kinder schreiben: F..a..k !

Einsatz von Tom Waits gegen den Berufswunsch Kriminalpolizist zu werden

Als Mutter gibt man sich gerne Träumereien über den zukünftigen Beruf des eigenen Kindes hin. Da gehört Kriminalpolizist definitiv nicht dazu. Ich hätte gerne einen Rockstar oder Sänger oder wenn schon einen Nietzsche rezitierenden Müllmann.

Ich stelle mir meinen Sohn in folgender Situation vor: Mit muskulösen Armen und braungebranntem Gesicht steht er auf der Rampe des Lastwagens der Müllabfuhr. Der Tag wacht gerade auf und die Sonne streckt ihre Fühler aus. Der leuchtende Blick meines Jungen verliert sich am Horizont und sein volles Haar weht im Frühlingswind. Seine sonore und kräftige Stimme übertönt das Brummen des Lastwagens und fliegt in die offenen Fenster, der noch schlafenden Menschen, während er Nietzsches Gedicht rezitiert:

Mein Herz ist wie ein See so weit,
Drin lacht dein Sonnenlicht
In tiefer süsser Einsamkeit,
Wo leise Well an Well sich bricht.

Ist´s Nacht, ist´s Tag?
Ich weiss es nicht,
Lacht doch auf mich so lieb und lind
Dein sonnenlichtes Augenlicht
Und selig bin ich wie ein Kind.

Hach….

Wie zu Beginn erwähnt, wäre für mich Rockstar durchaus eine ebenbürtige Alternative zu Müllmann. Um diesen Berufswunsch zu fördern, wird fleissig Musik gehört. Da fahre ich auch gerne mit härterem Geschütz auf. Wie neulich mit Tom Waits.

Wir fuhren nachhause und mein Sohn schaute verträumt aus dem Fenster. Ausnahmsweise plauderte er nicht und betrachtete die an uns vorbeiziehende Landschaft. Ich witterte die Gelegenheit, um mein Gehirnwäsche-Programm zu starten. Schnell schob ich die neueste Scheibe von Tom Waits in meinen CD-Player und drückte auf Play. Ich hielt den Atem an und Tom Waits brüllte den Song „Chicago". Im Rückspiegel beobachtete ich die Reaktion meines Kleinen. Zuerst schaute er verdutzt nach vorne. Dann riss er die Augen weit auf. Verzückt rief er: "Mama! Wow! Was ist denn das für eine Stimme?", und sein Kopf nickte im Takt. "Das ist Tom Waits", schrie ich zurück, weil ich mittlerweile die Lautstärke noch mehr aufgedreht hatte. Wie zwei Wackel-Dackel nickten wir zur Musik.

Ich habe ihn danach nicht wieder gefragt, ob er seinen Berufswunsch überdenken möchte. Denn als ich ihn vor nicht all zu langer Zeit bat, seinen zukünftigen Beruf zu überdenken, konterte er genervt: "Mama! Hör mal gut zu! Das ist mein Leben und ich will werden, was ich möchte!" Verdammt, mein siebenjähriges Kind hatte ja Recht! Trotzdem ich gebe nicht auf.

Wieso ich Jungs mag

Ich habe keine Ahnung von der Erziehung kleiner Mädchen. Bei kleinen Jungs hingegen, glaube ich einen Schimmer davon zu besitzen. Aber auch das ohne Gewähr. Aufgrund dieses Erlebnisses stelle mir das Dasein als Mädchenmutter schwierig vor:

Am Geburtstag meines Sohnes trafen sich Mädels und Jungs im Alter von vier bis sechs Jahren. Die Kids futterten Würstchen, Schokokuchen und Chips wie Mähdrescher. Dann kam der grosse Durst...

Ein süsses blondes Mädchen wollte etwas trinken:
Ich: „Was möchtest du trinken?“
Sie: „Ich möchte Wasser mit etwas Apfelsaft. Aber nicht zu viel und im rosa Becher mit der Fee!“
Ich: „Hier!“
Sie: „Da hat es zu viel Apfelsaft, ich möchte lieber weniger! Und das ist keine Fee, das ist eine Prinzessin!“
Ich (zweiter Versuch): „Hier, weniger Apfelsaft mit Fee!“
Sie: „Das ist eine Fee auf violettem Plastikbecher. Ich möchte aber eine rosafarbene Fee!“
Ich (dritter Versuch): „So?“
Sie: „Oh, die anderen haben, einen Becher mit einer hellblauen Elfe..“
Ich: „Grmpf!“
Abwicklungsdauer für ein Mädchen: fünf Minuten!

Nun hatten die Jungs Durst.

Ich: „Wer will was trinken?“

Alle Jungs: „Ich! COLA!“

Ich: Wollt ihr bestimmte Becher? Ich meine, bestimmte Farbwünsche?“

Alle Jungs: „Hä? COLAAAA!“

Abwicklungsdauer: eine Minute für vier Jungs!

Ich mag Jungs. Wirklich, ich mag sie echt.

Über das Ausziehen von Zuhause

Mein Sohn ist schon gross. Zumindest denkt er das. Wenn ich ihn bitte, beim Überqueren der Fahrbahn aufzupassen, antwortet er Augen rollend: "Mama! Ich bin doch schon sechs!"

Neulich hatte er die Windpocken und ich bestrich seine Pusteln mit einer weissen Creme. "Ich glaube, du bist in der Pubertät. Wenn man Pickel bekommt, dann ist man in der Pubertät.", erklärte ich ihm mit ernstem Blick. Er blickte verunsichert zu mir hinauf und antwortete: "Aber Mama! Bin ich nicht zu klein, um in die Pubertät zu kommen? Oder bin ich so schnell alt geworden und ich habe es nicht mal bemerkt?" Ich grinste. Als er erkannte, dass ich ihn reingelegt hatte, rief er empört: "Mama! Jetzt hast du mich veräppelt!"

Kaum hatte ich seine letzte Pustel betupft, verkündete er: "Mama, mit 18 ziehe ich aus!" Ich kniete zu ihm nieder, schaute ihm tief in die Augen und antwortete: "Sehr gut! Mach das! Wenn du was gelernt und eine Arbeit hast, kannst du ausziehen." Und in seinen braunen Augen sah ich meine Zukunft: Eine Frau mit 58 Jahren, frei von allen Verpflichtungen. Ich würde die Welt bereisen, immer noch in Clubs abtanzen, Champagnerkorken knallen lassen und ganz viele Klamotten kaufen. Ja, so würde ich das machen. Mein Traum platzte wenige Minuten später.

"Ach Mama, ich ziehe doch lieber mit 40 aus!", meinte er ernst und schaute mir nun tief in die Augen. Ein Horrorfilm lief vor meinem inneren Auge ab: Ich, nun 80 Jahre alt, im Altersheim, ein 90 x 180 cm Bett im Schlafzimmer. Mein Sohn glatzköpfig, behäbig mit Bauch und immer noch bei mir wohnend. Vor dem Schlafengehen würde ich ihn baden. Danach schlüpfte er zur mir ins Bett und würde eine Gute-Nacht-Geschichte verlangen. Und wenn ich nicht aufpasste, würde er mir mein Altersheimessen vom Teller klauen. Mein Gesicht verfinsterte sich. Er grinste und rief: "Ätsch reingelegt".

Ich habe einen Machiavellisten in der Familie

Mein Kleiner und ich diskutieren öfters über das, was in der Welt geschieht. Dabei habe ich herausgefunden, dass er ein machiavellistisches Weltbild besitzt: Das Handeln wird auf die Nützlichkeit reduziert oder der Zweck heiligt die Mittel.

Wir sassen im Auto und fuhren zur Kita. Mein Sohn fragte mich, ob man Gaddafi endlich getötet habe. Mich störte das Verb „töten". Ich antwortete, es genüge, wenn man ihn endlich fassen würde. Man müsse keine Menschen töten, damit es anderen gut ginge.

Er konterte: „Aber Mama, als sie "Osama Billada" getötet haben, ging es der Welt auch besser. Das haben sie in den Nachrichten gesagt!" Ich erwiderte entrüstet: „Man hätte ihn auch einsperren können, das hätte genügt! Und was in den Nachrichten erzählt wird, ist oft wie in der Werbung. Sie wollen dir etwas weismachen, was nicht wahr ist. Erinnerst du dich an das Spielzeug, das du unbedingt wolltest und welches sich dann als "Schissdräck" entpuppte?" Ich setzte ein triumphierendes Lächeln auf.

Er schwieg und überlegte. Da konterte er: „Ja, aber Spanien geht es auch besser, seit Franco tot ist!" (Mist, ich hätte ihm nichts über die spanische Diktatur erzählen sollen....). Mein Lächeln gefror. Ich entnervt: „Aber Franco ist von selber gestorben, er wurde nicht getötet!" Er zog sein Ass aus dem Ärmel: „Wenn sie ihn vorher getötet hätten, wäre es Spanien nicht besser gegangen?" Ich protestierend: „Aber es ist nicht richtig Menschen zu töten. Aus mit der Diskussion!" „Aus mit der Diskussion" benutze ich gerne, wenn mir die Argumente ausgehen und ich keine plausible Antworten mehr habe. Er schwieg.

Doch wie lange werde ich diese Machtworte noch einsetzen können?

Dada-Gespräche zwischen vier- bis sechsjährigen Menschen

Blondie (4) zu meinem Sohn (6): „Ich habe dir einen Dinosaurier als Geschenk gekauft!"

Mein Sohn (6): „Was? Cool!"

Lispler (5) entrüstet zu Blondie (4): „Du dafzzt daz nicht verraten! Jetzt weizz er, wazz sein Geschenk izt!"

Mein Sohn (6): „Wie viel hat der Dinosauerier gekostet?"

Lispler (5) zu neugierigem Sohn (6): „Zicher 5 Minuten!"

Blondie (4) beleidigt zu Lispler (5) und meinem Sohn (6): „Sicher nicht! 6 Minuten!"

Von Zehennägeln und Popeln

Mein Sohn hasst Haare waschen und Nägel schneiden. Verständlich! Denn durch das Haare waschen, wird auf dem Kopf, der liebevoll angesammelte Dreck durch Mutters Hände respektlos weggeschrubbt. "Was mein ist, ist mein und bleibt bei mir" so das Credo meines Sohnes. Da wird rebelliert, genörgelt und ein paar Tränen verdrückt. Bis er aufgibt und wie ein Lamm vor dem Schlachter den Kopf hinhält.

Auch seine Zehennägel werden nicht kampflos seiner Mutter übergeben. Just gestern, nach dem Baden und Haare waschen, betrachtete ich die langen Zehennägelchen. Mein Sohn erfasste blitzschnell die Situation. "Mamaaaa, naaaain, nicht Nägel schneiden!", jammerte er. "Du willst doch nicht wie ein Fakir aussehen?", konterte ich. "Was ist ein Fakir?", fragte er. "Ein Mann, der auf einem Nagelbett schläft.", erwiderte ich. Er stellte sich dieses Bild vor und schluckte leer.

"Aber Mama, ich kann meine Zehennägel nicht hergeben!", schrie er nochmals verzweifelt. "Das sind Sammlerstücke, die sind kostbar!", doppelte er nach. Ich prustete laut los. Das hatte ich nicht erwartet. Zehennägel als Sammlerstücke! In meinen Gedanken sah ich jeden einzelnen Nagel fein säuberlich aufgereiht auf einem roten Samttuch in einem Holzkistchen liegen. Ich lachte so sehr, dass ich ihn an meine Brust drücken musste und küsste. "Darf ich sie behalten?", lächelte er schelmisch. "Nein!", antwortete ich bestimmt. "Du kannst von mir aus deine Fussnägel – geschnitten – in einem Schächtelchen als Sammlerstücke aufbewahren. Aber sie werden jetzt geschnitten!" Er schaute mich mit einem traurigen Hundeblick an und ergab sich in sein Schicksal.

Beim Naseputzen geht es nicht anders zu. Es soll ja bekanntlich Kinder geben, die popeln immer. Ständig bohren sie in ihren Nasen und essen diese grünen Klumpen, als wären sie Delikatessen. Mein Kleiner nicht! Er hasst

Naseputzen und Nasenbohren ekelt ihn erst recht. Die Konsequenz ist, dass das Innere seiner Nase wie eine Tropfsteinhöhle aussieht - Stalagmiten und Stalaktiten.

Bis ich, seine Mutter, mit einem Taschentuch in Aktion trete und seinen Körper, wie in einem Schraubstock, zwischen meinen Beinen festhalte. Schon geht das Jammern los. "Oh nein, nicht Nase putzen, ich will nicht!" quengelt er. Mein Finger, geschützt durch das Taschentuch, bohrt sich tief in seine Nase. Ha! Ein Riesenpopel kommt zum Vorschein. Er betrachtet ihn gleichzeitig fasziniert und angeekelt. "Mama, du bist gemein!" meint Sohnemann entrüstet. "Du hast mir meinen Glückspopel geklaut!" Ich kichere und stelle mir vor, wie wir einen Lottoschein ausfüllen, er seinen Glückspopel darauf verteilt und wir dann den Jackpot knacken.

Frederik, der Milchzahn

Frederik ist der erste, kleine Geselle, der den Mund meines Sohnes verlassen hatte. Er hing seit ein paar Wochen in den Seilen und war schwach auf der Brust. Immerhin hatte er während vier Jahren meinem Kleinen treue Dienste erwiesen. Doch gestern erwischte es ihn, als mein Sohn in einen Apfel biss. Er krallte sich noch fest ins Fruchtfleisch, stur und verbissen wie es nur Milchzähne sein können. Doch Widerstand war zwecklos. Mein Sohn pickte ihn aus dem Apfel heraus.

Vor dem Schlafengehen wollten wir Frederik – so war er von meinem Sohn getauft worden - an die Zahnfee übergeben. Wir sassen also zu Dritt auf dem Bett und sprachen über diese Fee. Die Zahnfee, die noch nie jemand gesehen hatte, aber die immer wusste, wo ein Kind einen Zahn unters Kissen versteckt hatte. Frederik lag in der geöffneten Hand meines Sohnes. Wir betrachteten ihn eingehend, Frederik wirkte verloren. Und da geschah etwas Unerwartetes. Mein Sohn brach in Tränen aus.

"Ach, mein kleiner, lieber Zahn, ich werde dich so vermissen.", schluchzte er. "Weisst du noch, als wir in Málaga am Strand waren? Wir haben eine schöne, gemeinsame Zeit verbracht und nun muss ich mich von dir verabschieden.", fuhr er weinend fort. Ich war durch seine Reaktion so perplex, dass ich aufpassen musste, nicht auch in Tränen auszubrechen. Mit belegter Stimme fragte ich ihn:" Ist der Abschied von Frederik so schwer? Ich weiss, wenn man etwas verliert, muss man sich an diesen Verlust gewöhnen." Mein Kind nickte und blickte mich mit grossen Tränenaugen an: " Mama, das ist so schlimm wie damals, als ich mich vom alten Kindergarten verabschieden musste. Ich habe doch Frederik geliebt!" Ein tiefer Schluchzer entfloh seiner Brust.

Ich schloss meinen Kleinen fest in die Arme und liess auch meinen Tränen freien Lauf. Ich erinnerte mich an die vielen Abschiede in meinem Leben.

“Willst du ihn noch behalten? Du entscheidest, wann du ihn der Zahnfee überlassen willst. Wir verstecken ihn vor ihr. Und sollte sie doch vorbeikommen, verpass ich ihr einen Kinnhaken!” erkläre ich ihm schniefend. Ich stand auf und tat so, als ob ich mir selber einen Kinnhaken verpassen würde. Dann liess ich mich aufs Bett fallen und schnitt eine Grimasse. Mein Sohn lachte laut auf und meinte: “Ach, Mama du spinnst! Aber deine Idee gefällt mir, versteck Frederik gut! Ich werde selber entscheiden, wann ich ihn gehen lassen möchte.” Schnell wurde Frederik in Folie verpackt und in einer Küchenschublade versteckt.

Frederik schlummert immer noch im Dunklen. Vielleicht wird er heute Abend weggegeben oder auch nicht. Trennungen waren noch nie einfach.

Von Frau und Mann

Espresso, ohne Milch, mit Zucker

Das Ende des Pistolenlaufs schaut mich wie ein Zyklop an. Sein Blick hält mich im Bann. Nach dem Knall breitet sich ein stechender Schmerz in meinem Bauch aus. Wie ein nasser Sack falle ich mit einem dumpfen Laut zu Boden. Ich sehe ihre Schuhe. Teure Schuhe, sie gefallen mir. Sie hat den gleichen Geschmack wie ich. Das wussten wir jetzt beide.

Auf dem Boden liegend, schnappe ich nach Luft. Ich warte, dass etwas in meinem Kopf passiert. Doch nichts geschieht. Der sich ausbreitende Schmerz in meinem Bauch steigt zum Hals hoch und schnürt mir die Kehle zu. Was für schöne Schuhe, stelle ich nochmals fest, bevor ich in ein schwarzes Loch falle.

Das, was geschehen war, hatte ich beim besten Willen nicht erwartet.

Als ich beim Nachhausekommen meine Haustüre öffnete, stand sie plötzlich hinter mir. Ich zuckte zusammen. Ihre Augen glitten fiebrig über mich und ich entdeckte einen Hauch Bitterkeit, der ihr Gesicht kurz verzerrte. Dann verlor sich ihr Blick im Nichts für einen kurzen Moment bis sie mir in die Augen schaute. Ich begrüsste sie verunsichert: “Guten Tag! Suchen sie jemand?”

Sie musste zehn Jahre älter sein als ich. Ihre Kleider zeugten von teurem und dezentem Geschmack. Das kurze Haar war hellbraun, gewellt und perfekt frisiert. Sie wirkte wie eine dieser Frauen, die viel Zeit und Geld hatten, sich um ihr Aussehen zu kümmern. Sie starrte mich immer noch stumm an. “Was möchten sie, oder wen suchen sie?” fragte ich nochmals vorsichtig. “Ich will meinen Mann zurück!” flüsterte sie. Ich schaute sie verblüfft an. Da durchfuhr es mich wie Blitz. Sie war es! Mit belegter Stimme antwortete ich: “Kommen sie herein.” Ich öffnete die Türe und sie schritt an mir vorbei. Sie roch gut, eine Mischung aus teurem Parfum und frischgebrühtem Kaffee. Als ich die Türe schloss, spürte ich ihren kalten Blick, als ich meinen Mantel an der Garderobe aufhängte.

“Wollen sie mir ihren Mantel geben?”, fragte ich. Sie machte einen Schritt zurück. “Nein!”, antwortete sie bestimmt. “Solange werde ich nicht bleiben.” Ich nickte und ging an ihr vorbei ins Wohnzimmer. Sie folgte mir. Ihre Arme eng um ihren Mantel geschlungen, als ob sie frieren würde und nahm unaufgefordert Platz auf der Couch.

Ich setzte mich gegenüber. Meine Kehle fühlte sich trocken an; diese Begegnung hatte ich nicht erwartet. “Sie sind also seine Frau.” sagte ich heiser. Sie hob ihre Augenbrauen und erwiderte schnippisch: “Ja genau! Ich bin seine Frau. Und ich will ihn zurück.” Ihr dunkler Blick liess mich erschauern. Plötzlich legte sich ein Schleier auf ihrem Gesicht. Ihr sorgfältig geschminktes Gesicht wirkte wie eine Maske.

“Ich liebe ihn, er gehört mir.” sagte sie mit bestimmter Stimme. Ich verstand sie. Und wie ich sie verstand. “Ich liebe ihn auch”, sagte ich mit gefasster Stimme. Und je mehr diese Wörter in meinem Kopf verhallten, desto stärker fühlte ich mich.

“Geben sie ihn mir zurück!“, schrie sie mich wütend an. Und während sie mir diese Worte entgegenschleuderte, fuhr sie vom Sofa hoch und stürzte sich auf mich. Ich stand erschrocken auf und wartete auf ihre Faust. Aber kurz vor dem vermeintlichen Einschlag ihrer Wut, hielt sie inne und starrte mich an.

Ich spürte ihren Atem und ihr Blick war eisig. Ich fror. Da trat sie plötzlich einen Schritt zurück, während ihre Hand gleichzeitig in die Manteltasche fuhr und sie eine Pistole zückte. Ein Schuss fällt.

Ich liege auf dem Boden und Dunkelheit umhüllt mich. Ich spüre, wie sie sich zu mir herunterbückt. Ihr Gesicht ganz nah an Meinem. Ich rieche ihren Atem: Espresso - ohne Milch, mit Zucker.

Wo ist der Gott, der uns liebt?

"Wo ist der Gott, der uns liebt, ist der Mensch, der uns treibt, ist die Flasche, die uns wärmt, wenn der Morgen graut?" dröhnte es aus der alten Jukebox. Ich schunkelte betrunken im Takt mit. Schunkeln ist wie das Wiegen in den Armen einer Mutter. Es beruhigt und versöhnt.

Ich war nicht alleine am Tresen. Seit ein paar Wochen hatte ich einen stillen Begleiter, der neben mir sass, trank und rauchte. Meist starrte er in den Spiegel, der sich über dem Kopf des Barkeepers befand. Heute hingegen klopfte der Mann mit dem Finger den Rhythmus des Liedes mit. Das irritierte mich.

Ich erinnere mich genau, wie wir uns das erste Mal begegnet sind. Es war an einem Abend, an dem dieser Mann – kaum in die Bar eingetreten – sich neben mich setzte und zwei Whiskeys bestellte. Einen für ihn und einen für mich. Ich hatte ihn nicht bemerkt, dafür war ich schon zu betrunken. Ich war nicht auf Bekanntschaften aus und erstaunt, einen Drink vor meine Nase gesetzt zu bekommen. Also hob ich meinen Blick und das Glas. Er prostete mir wortlos zu und nahm einen grossen Schluck. Ich nickte.

Er war älter als ich, keine Ahnung wie viel. Es interessierte mich auch nicht. Seine Haare waren braun oder schwarz, dafür war sein Schnauzer grau. Seltsam! Wer trägt heute noch einen Schnurrbart? Als er sich einen weiteren Whiskey bestellte, betrachtete ich kurz sein Profil. Seine markante Nase gefiel mir. Aber ich war in der Bar, um Männer zu vergessen und nicht um Neue kennen zu lernen. Ich trank das Glas aus und sagte zu ihm: "Danke, für den Whiskey! Das soll aber nicht wieder vorkommen!"

“Wird es auch nicht”, gab er schroff zurück. “Ich bin hier, um Frauen zu vergessen und nicht, um Neue kennenzulernen.” Diese Antwort hatte ich nicht erwartet! Verunsichert steckte ich mir eine Zigarette in den Mund und bevor ich mein Feuerzeug in der Hand hielt, hörte ich das Klicken seines Feuerzeugs. Ich nahm einen tiefen Zug und nickte dankend. Erst jetzt bemerkte ich, dass seine Augen hellblau waren.

Das war unser erstes und letztes Gespräch. So ging Woche für Woche vorbei. Jeden zweiten Abend sass ich in der Bar und betrank mich. Je mehr sich das Glas füllte, umso leerer fühlte ich mich. Doch seit er seinen Platz neben mir eingenommen hatte, war ich nicht mehr allein. Er schien das zu mögen, was ich auch liebte: Vergessen und Musik hören.

„Nimm sie, verschling‘ sie!“

Als ich die Frau beim Eintreten der Bar das erste Mal sah, trällerte es aus der Jukebox "Nimm sie, nimm sie, verschling' sie! Und vor allen Dingen, lass dich von ihr verschlingen!" Dieser Refrain hatte sich in meinem Kopf wie eine Zecke im Fell eines Hundes festgesetzt und bewog mich dazu, spontan einen Whiskey für sie und mich zu bestellen. Dass sie mich nicht wahrgenommen hatte, merkte ich erst, als sie ihren Blick hob und mich verwundert ansah.

Ihre Augen glänzten - nicht nur wegen dem Alkohol. Was für ein Braun! Erde, auf der es frisch geregnet hatte. "Danke für den Whiskey! Das soll aber nicht wieder vorkommen!", war ihre mürrische Antwort. Sie hatte Recht und ich erwiderte: "Wird es auch nicht. Ich bin hier, um Frauen zu vergessen und nicht, um Neue kennen zu lernen." Auch ich hatte Recht. Als ich ihr Feuer gab und sie an der Zigarette zog, sah ich nochmals ihre Augen im Schein der Glut aufleuchten. Ich entdeckte kleine bernsteinfarbene Tupfer.

Ab diesem Moment war ich jeden Tag in der Bar. Ich wollte eigentlich mein bisheriges Leben vergessen, aber diese Frau war eine Art Erinnerung, ein Echo eines Tones. Ich fand heraus, dass sie nur alle zwei Tage dort war. Und so setzte auch ich jeweils einen Tag aus. Seit dem ersten Treffen fiel kein Wort mehr zwischen uns und das gefiel mir. Stumm am Tresen sitzen, Musik hören und trinken. Bis auf diesen heutigen Abend.

"Ich habe meiner Tochter nie eine Gute-Nacht-Geschichte erzählt.", offenbarte ich ihr. Sie starrte mich genauso irritiert an wie beim ersten Aufeinandertreffen. "Das soll bei Männern öfters vorkommen.", antwortete sie knapp. "Ja, aber mir tut es leid!", erwiderte ich trotzig. "Ja, auch Reue soll bei gewissen Männern vorkommen.", meinte sie eisig. "Deshalb rief ich sie gestern an. Ich habe ihr die Gute-Nacht-Geschichte vom Häschen erzählt, das nicht alleine schlafen wollte.", fuhr ich fort. Die bernsteinfarbenen Punkte in ihren Augen blitzten kurz auf. "Ein ganzes Märchen über's Telefon? Da wird sich ihre Tochter sicher gefreut haben." Ich nickte.

Sie drehte sich zu mir. "Wie alt ist sie denn?" fragte sie nun sanft. "38 Jahre!" antwortete ich. Sie riss ihre Augen auf und lachte schallend. Ich grinste und fuhr fort: "Und wissen sie, was das Beste war?" Sie schüttelte den Kopf, immer noch lachend. "Sie war gar nicht zuhause. Also habe ich ihr den Anrufbeantworter voll geredet." Sie warf den Kopf nach hinten und ihr Busen bebte leicht. Ihr Lachen gefiel mir. Ich glaube, sie mochte mich.

Eine Liebesgeschichte in zwei Akten

1. Akt

Er wollte seine Wut loswerden. Seine Faust grub sich in ihr Gesicht. Als sie auf den Boden fiel, schloss sie ihre Augen. Sein Zorn flog wie ein Schwarm Krähen über sie hinweg.

Später betrachtete sie ihren blutverschmierten Kopf im Spiegel und dachte: "So sieht das Gesicht einer Frau aus, die geliebt wird."

2. Akt

Er riss an ihren langen Haaren. Der darauf folgende Schlag liess sie schneller als sonst auf den Boden aufprallen. Ein Haarbüschel hing verloren in seinen Fingern. Sie war so müde. Doch statt die Augen zu schliessen, wie sie es immer tat, sah sie ihn an.

Er ertrug ihren Blick nicht und trat sie mit dem Fuss in ihren Bauch. Sie krümmte sich und japste nach Leben. Dabei griff sie in ihre Jackentasche. Es waren drei Schüsse, mehr Kugeln hatte sie nicht gekauft.

Als sein Körper auf dem Boden sackte, blickte sie ihm ins Gesicht und dachte: “So sieht das Gesicht eines Mannes aus, der geliebt wird.”

Die Arie vom Schaf und der rosa Haarbürste

Wenn die Stadt freitagabends von der Dämmerung umfasst wird, legt sich die Woche müde nieder. Heinz hingegen ist aufgeregt und freut sich. Im Tram reibt er seine feuchten Hände. Nervös fasst er sich an den fast kahlen Kopf und streicht seine verbliebenen Härchen glatt. Wenn er schwitzt, kräuseln sich immer seine Haare - wie er das hasst!

Bei der letzten Haltestelle angelangt, begibt er sich schnellen Schrittes in eine dunkle Gasse. Vor einer schummrig beleuchteten Türe bleibt er zitternd vor Aufregung stehen. Er schluckt mehrmals leer, atmet tief durch und drückt die Klingel. Der schrille Laut lässt ihn kurz zusammenzucken. Sein Finger hinterlässt einen feuchten Film auf dem Klingelknopf und die Nervosität lässt seinen Magen tanzen. Wieder fasst er sich an den Kopf und zähmt die auf die Seite gekämmten Haarsträhnen. Während Heinz wartet, betrachtet er liebkosend das Namensschild über der Klingel. „Lady Kosma.", seufzt er und ein wohliger Schauer durchfährt ihn dabei.

Dann, endlich! Er hört, wie sich Schritte der Türe nähern. Heinz sieht sie schon genau vor seinem inneren Auge: Ihre langen, zu einem Pferdeschwanz gebundenen, schwarzen Haare. Der faltige Hals, der in einem furchigen Dekolleté endet. Das schwarze, lederne Korsett, das ihren fülligen Oberkörper in Zaum hält. Der Ledermini mit seitlich angelegten Reisverschlüssen, der ihren breiten Hintern bedeckt. Ihre Beine, welche in bis zu den Knien gehenden Lederstiefeln stecken. Die hohen, dünnen Stahlabsätze vollenden das Bild. Heinz weiss genau, wie sich das Leder ihrer Stiefeln anfühlt, wie es riecht und schmeckt! Dieses Wissen lässt ihm das Wasser im Mund zusammen laufen und er schluckt. Je näher er ihre Schritte kommen hört, desto schneller schlägt sein Puls - wie ein galoppierendes Pferd.

Endlich, die Türe öffnet sich! Sein Atmen stockt. Kalte, blaue Augen mustern ihn von oben herab. Da steht sie nun. Mächtig, stolz und voller Verachtung für ihn. Gebannt starrt er sie an. Er schluckt wieder, diesmal leer und er senkt seinen Blick. Sein Schritt wölbt sich. „Komm herein, du Wurm!“, herrscht sie ihn an. Er nickt und flüstert: „Danke, vielen Dank für die Ehre, Lady Kosma.“ Er tritt ein, sie aber bleibt so stehen, dass er sich seitlich zwischen ihr und dem Türpfosten zwängen muss. Kurz saugt er ihren bitteren Duft ein. Heinz spürt ihren stechenden Blick, der sich wie ein kalter Dolch in seinen Rücken bohrt. Es fühlt sich herrlich an, wenn sie ihn von hinten betrachtet! „Los! Ins linke Zimmer mit dir, du Drecksau!“, zischt sie ihm ins Ohr, während sie ihm dicht folgt. Gänsehaut bildet sich auf seinen Armen und sein Schwanz wird noch härter. Er biegt schnell nach links, öffnet die Türe und feuchte Wärme schlägt ihm entgegen.

Diesen Raum kennt er noch nicht. Die Fenster sind verdreckt und lassen nur spärlich Licht ins Zimmer. In der Mitte steht ein rundes Bett mit rosafarbenen Laken, daneben eine pinke Stehlampe. Der dunkle, abgewetzte Teppich versinkt im traurigen Grau der kahlen Wände, rechts steht eine Garderobe. Das ganze Zimmer riecht nach ihrem Körper. Heinz atmet so tief ein, dass es ihm fast schwindlig wird. Er schliesst kurz seine Augen und überlässt sich diesem Gefühl. Plötzlich spürt er ihren festen Griff am Arm. „Los du Wicht, zieh dein Fell an, aber schnell! Hier wird nicht geträumt!“, faucht sie ihn an. „Ja, Lady Kosma.“, murmelt er. Er eilt zur Garderobe, an der sein Kostüm hängt. Schnell öffnet er seinen Krawattenknoten, hängt die Krawatte sorgfältig an einen Kleiderbügel. Mit flinken Fingern knöpft er Hemd und Hose auf. Als er aus seiner Unterhose schlüpft, wippt sein steifer Schwanz.

Spöttisch betrachtet ihn Lady Kosma. „Was ist das für ein lächerliches, kleines Schwänzchen? Das soll eine Frau beeindrucken? Zieh sofort das Schafskostüm an. Ich will deinen dreckigen Zwergenschwanz nicht mehr sehen!“ Dabei setzt sie sich auf das Bett, kramt eine rosa Haarbürste unter der Decke hervor. Sie beobachtet ihn mit kaltem Blick, wie er das Schafskostüm von der Garderobe nimmt und hineinschlüpft. Sein Kopf und Hintern sind nicht verhüllt. Der Reissverschluss des Kostüms kratzt an seinem Bauch. Er geht langsam auf alle Vieren und kriecht zu Lady Kosma. Ein Glöckchen am Kostüm bimmelt hell. Er schaut sie kurz erwartungsvoll an. Dann senkt er sofort wieder seinen Blick, bis er nur noch ihre schwarzen, spitzen Lederstiefel sieht. „Leck sie!“, herrscht sie ihn an. Geduckt und mit breiter Zunge beginnt er ihre Stiefel hoch und runter zu lecken. Plötzlich, ein harter Schlag auf seinem Hintern. Sie schlägt mit dem Rücken der Haarbürste auf seine Pobacken. Es brennt und juckt. Heinz stöhnt und leckt weiter die Stiefel. Er fährt hinunter zu den Stahlabsätzen, welche er hingebungsvoll züngelt. Sein sich allmählich rötender Po schmerzt.

Plötzlich ruft Lady Kosma: „Komm Killer, komm!“, und pfeift. Ein kleiner, schwarzer Rehpinscher schiesst unter dem Bett hervor und stürzt sich giftig kläffend auf Heinz. Das Bellen des Hundes wechselt sich mit dem Klatschen der Bürste ab. Heinz leckt weiterhin folgsam ihre Stiefel. Der Hund rennt und hüpft um ihn herum, knurrt und bellt ihn an. Der Hintern von Heinz brennt höllisch. „Fass, Killer fass!“ Jaulend beisst sich der Rehpinscher in seinen fellbedeckten Fuss. Der Hund zerrt wie besessen daran, Knurren und Kläffen wechseln sich ab. Dazwischen das laute Klatschen auf seinem Hintern, gefolgt von leisem Stöhnen.

Heinz ist im siebten Himmel. Sein Po brennt. Bei jedem Schlag spürt er, wie sein Schwanz sich noch mehr aufpumpt. Sein Herz rast und es kribbelt in seinem Körper. Er keucht und schwitzt im dicken Schafkostüm. Sein Kopf ist rot und kleine Rinnsale von Schweiss fliessen seine Stirn hinunter. Die kleinen, spitzen Zähne des Hundes zwicken durch das Fell. Ja, das ist genau so, wie er es liebt! Jeder Schlag erhöht seine Erregung, führt ihn näher an seine Erlösung. Bald wird sein Schwanz explodieren. Lady Kosma beschimpft Heinz ununterbrochen: „Du Laus, du Nichts, du mickriges Arschloch! Und sowas ist Vorgesetzter in einer Firma? Du bist nur ein Fussabtreter! Los Killer! Beiss zu! Zeig diesem dummen Schaf, wer der Herr ist!“ Auch Kosma schwitzt. Die Anstrengung lässt ihr Make up glänzen. Kleine Bäche aus Schweiss schlängeln sich ihre nackten Beine hinunter hinein in die Stiefel. Unermüdlich klatscht sie mit der Haarbürste auf seinen nackten Hintern. Heinz stöhnt und keucht und leckt. Killer bellt und knurrt und jault. Dann! Der Schwanz von Heinz explodiert und er brüllt seine Lust hinaus. Killer bellt in den höchsten Tönen: Die Arie vom Schaf und der rosa Haarbürste.

Heinz fühlt sich leicht und befreit, als er die Türe hinter sich schliesst. Beschwingt vor Glück spaziert er zur Tramhaltestelle. Im Tram steht er, denn sitzen geht nicht. Mit ruhiger Hand streicht er seine widerspenstigen Haarsträhnen glatt.

Räubergeschichten

Heute sassen wir im Wagen und fuhren in den rotgelben Abend. Während der Fahrt betrachtete ich die letzten Sonnenstrahlen. Und ich stellte mir vor, dass wir eine Bank ausgeraubt hatten und flüchteten.

Es spielt keine Rolle, wohin wir fliehen. Hauptsache ans Meer. "Scheiss auf's Establishment", ruft mein Kleiner vom Rücksitz aus. Und ich bin stolz auf ihn, weil er diesen Satz klar und fehlerfrei sagt. Wer – wie mein Sohn - das Wort Exkremente kennt, darf auch Scheisse sagen. Wer oder was das Establishment sein soll, weiss ich nicht. Dieses Wort ist abstrakt für mich. Ich habe noch nie Groll gegen Dinge gehegt, die für mich nicht fassbar sind. Doch der Satz gefällt mir, er klingt revolutionär. Wer uns drei sieht, denkt an Gandalf und die Hobbits. Mein Sohn ist der Ringträger. Eine Rolle, die ich früher nie jemand anderem, ausser mir, überlassen hätte. Aber auch kleine, verwöhnte Egoistinnen werden Mütter, die nicht mehr im Rampenlicht stehen wollen. Und ich befürchte, dass der Verlust an Geltungsdrang, etwas mit Erwachsen werden zu tun hat. Ich wollte nie erwachsen werden. Und denke heute noch, dass ich mich dieser Entwicklung erfolgreich entgegengesetzt habe. Wahrscheinlich ein Trugschluss. Ich halte Dinge aus, die ich früher nie zugelassen hätte und streiche Menschen aus meinem Leben, mit denen ich früher milder umgegangen wäre.

Wir sitzen im Auto und hören Frau Sophie Zelmany zu. Wir, die Räuber, mit dem Kofferraum voller Geld, alles Tausenderscheine, die rascheln wenn sie sich aneinander reiben. Eine Orgie, an welche Herr Trump seine helle Freude gehabt hätte. Und wir, wir fahren dem Ende der Welt entgegen zu dem grossen Wasser. Und weil die Erde rund ist, würden wir das Ende nie erreichen. "Mama, was heisst eigentlich Establishment?", fragt mein Sohn. Und wir zwei Erwachsenen grins uns an und antworten mit Schulterzucken.

In Shanghai ist es Morgen

In Shanghai ist es Morgen und er schläft. Doch bald wird er aufstehen, einen Toast mit Tee oder Kaffee zu sich nehmen. Danach wird er sich in einen Park mit vielen Bäumen auf grünem Rasen begeben, wo sich Chinesen zum Tai Chi treffen. Im Schatten eines Baumes stehend, wird er das gleiche tun wie diese Menschen .

Dann wird er ins Hotel zurückspazieren und duschen. Ein langer Arbeitstag steht ihm bevor. Er wird viel reden, organisieren, Kopfnicken und lächeln. Immer dabei seine Übersetzerin, als Schatten und wichtige Begleiterin.

Am späten Abend wird er sich mit seiner alten Freundin treffen, der Schriftstellerin. Sie werden sich in den kleinen, versteckten Quartieren Shanghais herumtreiben, essen und trinken. Wahrscheinlich werden sie viel trinken.

Bei der Schriftstellerin zuhause angelangt, werden sie ein Döschen öffnen. Sie werden ein Pulver einnehmen und all ihre Sinne wecken und tanzen lassen. Das Rot wird roter, das Blau noch blauer werden. Fasziniert, wie kleine Kinder, werden sie sich gegenseitig betrachten und anfassen.

Der Geschmack ihrer Scham wird ihm wie Honig vorkommen. Er wird in ihre Hüften beissen und sie mit seinen Händen packen. Er wird geniessen, wie sie stöhnt und wie sich auf ihrer Haut ein leichter Schweissfilm bilden wird. Salz, Jasmin und Erde werden ihm in den Sinn kommen, wenn er mit der Zunge über ihre Haut fährt.

Er wird sie einatmen und er wird staunen. Er wird seiner Begierde freien Lauf lassen und sich den bewussten Verlust seiner Selbstbeherrschung gönnen.

Er wird sie beherrschen und beschützen zugleich. Ihren zarten, schlanken Hals mit seiner Hand umfassen, wohl wissend, dass wenn er zudrücken würde, sie ersticken könnte. Er wird die Macht über sie geniessen und wird ob ihrer Hingabe weich, zärtlich, fast verwundbar werden. Seine Stösse werden sanfter werden, als wolle er sie von innen streicheln.

Morgens oder nachmittags nach seinem Toast und Tee oder Kaffee wird er in den kleinen Laden gegenüber vom Hotel gehen. Der Laden mit den Stoffen und Kleidern und den vielen Gerüchen. Er wird mir ein rotes Kleidchen kaufen und sich vorstellen, wie hübsch ich darin aussehen werde. Und während er den Stoff fühlt, wird er sich meinen Körper darunter vorstellen. Das wird ihn erregen, obwohl er satt ist von der letzten Nacht.

Und er wird glauben, dass ich seine Dämonen fürchte. Doch er weiss nicht um Meine.

Der Segen Priapos

Nachdem sich Dionysos und Aphrodite vereinigten, gebar sie ihm Priapos, der ein aussergewöhnliches Erbe zu tragen hatte. Er besass einen riesigen sozusagen göttlichen Penis. Kein Wunder, bei diesen Eltern.

Diese Tatsache hätte wohl manchen Mann gefreut. Nicht so Priapos. Die griechischen Sterblichen – Männer wie Frauen - liebten ihn und veranstalteten einen Riesenkult um seine Person, vor allem um sein grosses Glied. Des Aufhebens um sein bestes Stück müde, zog er in die weite Welt und landete schliesslich bei den Römern. Aber dort erging es ihm nicht besser. Sie fanden Priapos so toll, dass sie mit einer riesigen Phallusstatue Prozessionen durch die Strassen organisierten.

Doch Priapos wollte mehr. Er wollte mehr als Römer und Griechen, die sein in Stein gemeisseltes Glied regelmässig an die frische Luft führten. Er wollte mehr, als angebetet zu werden und Wünsche zu erfüllen. Er hoffte auf ein Leben frei von Erwartungen. Und so verliess er die Römer und liess sich unbemerkt in Zürich in der Olé-Olé Bar an der Langstrasse nieder.

Die Bar wurde sein neues Zuhause. Gefüllt mit mit Uhren und Weckern, mit Rauch und Geschichten und mit Menschen, die nur etwas trinken wollten. Auf einem kleinen Altar, in einer Nische, liess er sich nieder und genoss seine Anonymität. Aus einer Jukebox trällerten vergessene Lieder.

Eines Tages kam ein dicker, lachender Mann an und fragte: “Hast du Platz für mich? Alle beten mich an, alle hoffen erleuchtet zu werden. Doch ich bin es müde, immer Erwartungen zu erfüllen. Ich will einfach in einer Ecke sitzen und meine Ruhe haben.” Priapos erwiderte: “Du auch? So verfolgt vom Erwartungsdruck? Na dann komm! Hier hat es Platz genug.” Und so zog

Buddha bei Priapos ein. Später gesellten sich ein paar Spinnen dazu und woben ihre Netze. Alte, vergilbte Fotos schlichen sich heran und liessen sich nieder. Geldscheine in alten Währungen, die irgendwer verloren hatte, machten es sich gemütlich.

Eines späten Abends beobachteten die Bewohner des Altars, wie eine Frau und ein Mann die Bar betraten. Das Paar liess sich gegenüber der Nische nieder, ohne den Altar zu beachten. Die Frau lachte viel und der Mann berührte sie immer wieder sanft am Arm. Das Paar fühlte sich offensichtlich wohl unter all den Gesellen. Da flüsterte Priapos leise: "Diese zwei gefallen mir! Lasst sie uns glücklich machen, mit all dem, was andere verlangten und wir nicht gewillt waren zu geben."

Als der Mann der Frau eine Zigarette anzünden wollte, fühlten sie plötzlich einen Lufthauch und die Flame des Feuerzeugs erlosch. Das Paar schaute sich verwundert um. Die Jukebox sang „Golden Brown“ und die Frau rückte näher zum Mann. Beide hatten nicht die leiseste Ahnung, welches Glück ihnen widerfahren würde. Priapos und seine Gesellen hatten ihnen ihren Segen gegeben.

Sie schläft nicht

Er fuhr den Computer herunter und löschte das Licht. Dann begab er sich zum Schlafzimmer und sah, dass die Türe nicht geschlossen war. "Wir sehen uns in deinen Träumen. Lass mir einen Spalt breit offen, damit ich weiss, dass ich willkommen bin.", pflegte er zu sagen, bevor sie schlafen ging. Er liebte es, ihre Atemzüge beim Schlafen zu hören. Deshalb hielt er vor dem Zimmer inne und lauschte.

Doch dieses Mal hörte er nichts. Er spitzte seine Ohren, weder ein Ein- noch Ausatmen war zu vernehmen. Stutzig geworden, schlich er sich ins Zimmer ohne das Licht anzumachen. Statt sie atmen zu hören, empfing ihn beim Betreten des Schlafzimmers ein Plätschern, als ob er durch Wasser waten würde. "Haben wir einen Rohrbruch?", fragte er sich und schritt weiter voran. "Wo zum Teufel steckt das Bett? Und wieso erscheint mir das Zimmer so gross?", rätselte er weiter, während er sich mühsam durch das tiefer werdende Nass kämpfte.

"Liebste", rief er beunruhigt. "Wo bist du? Was ist hier los? Hörst du mich?" Nur Rauschen und Blubbern antworteten ihm. Er versuchte zu rennen, dabei spritzte das Wasser seinen Körper hoch. Einige Tropfen verirrten sich auf seinen Lippen. Er kannte diesen Geschmack. Es war Blut! "Verdammt, Liebste, wo bist du? Hier ist alles voller Blut!", brüllte er entsetzt. Das Rauschen hörte plötzlich auf und es wurde totenstill. Er spürte an seinen Beinen wie das Blut zurück wich wie das Wasser bei Ebbe. Verzweifelt versuchte er im Dunkeln etwas zu erkennen - ohne Erfolg. Da hörte er ein Wimmern und Jammern aus einer Ecke. Der Raum schien heller zu werden oder vielleicht hatten sich nur seine Augen an die Dunkelheit gewöhnt. Er sah ein kleines Kind am Boden kauern. Das rechte Auge hing ihm aus dem Kopf und sein linkes Händchen war zerquetscht, als wäre eine Walze darüber gefahren. “Mein Gott Kleiner, was ist dir passiert?” schrie er entsetzt. Er rieb heftig seine Augen; Schweiss war ihm über die Stirn in die Augen gelaufen. Sein Herz raste wie verrückt.

Plötzlich hörte er das Klingeln eines Lifts. Er drehte erstaunt den Kopf und sah, wie sich eine Lifttüre öffnete. Dort stand seine Frau mit einem anderen Kind im Arm. Sie starrte ihn stumm mit weit aufgerissenen Augen und offenem Mund an. “Liebling, wo sind wir!” brüllte er wie ein Irrer. Als er auf sie zu rannte, schloss sich die Türe vor seine Nase. Nur noch der Kopf des Kindes ragte heraus. Es schrie wie am Spiess, bis es nur noch ein ersticktes Gurgeln von sich gab. Er hämmerte verzweifelt auf den Liftknopf und schlug gegen die Türe. Vergebens, sie öffnete sich nicht. Als sich der Aufzug in Bewegung setzte, sah er den Kopf des Kindes wie er nach oben schnellte, an der oberen Kante des Türrahmens aufprallen und vor seinen Füssen zu Boden fallen. Erstarrt vor Grauen sah er wie der Kinderkopf zur Seite rollte und das Blut aus dem offenen Hals spritzte. Plötzlich fasste ihn eine warme Hand an der Schulter. “Liebster, du bist eingeschlafen, ich habe auf dich gewartet.”, hörte er flüstern. Er öffnete die Augen und sah seine Frau.

“Hast du schlecht geträumt?” fragte sie leise. Er schaute sie verwundert an. Ihre Hand strich ihm beruhigend über die Wange. “Bist du in einem meiner Albträume gelandet?” Er nickte benommen. “Komm lass uns schlafen gehen!” forderte sie ihn auf. „Ja, ich komme sofort, lass mich kurz ins Bad.“, antwortete er. Als er zurückkam, horchte er an der leicht geöffneten Schlafzimmertüre. Er hörte sie leise atmen.

Flieg meine Kanonenfrau, flieg!

Stell dir vor, du bist die Kanonenfrau im Zirkus. Du bist die Artistin, die jeden Abend über die Köpfe des Publikums fliegt. Die kleine Frau, die den grossen Traum der Menschen vom Fliegen erfüllt. Die Kanonenfrau die dunkelhaarig ist und nach Zunder riecht. Der Russ unter deiner Haut kriegst du nicht mehr heraus. Jeder glaubt dich zu kennen, doch keiner weiss um deine Sehnsucht.

Im Zirkus hast du deinen festen Platz. Du erfüllst die Erwartungen der zahlenden Menschen: Das furchtlose Fliegen über ihre Köpfe nach dem Knall. Viele schliessen feige die Augen vor deinem Aufprall. Sie fürchten sich vor der Landung. Du, die Kanonenfrau, hast im Gegenzug ihre Gedanken und ihre Vorurteile übernommen. Auch ihre Träume werden zu deinen, weil du deinen eigenen Wünschen schon lange keine Beachtung mehr geschenkt hast. Du erfüllst deine Pflicht. Dass du dich selber vergessen hast, zählt nicht.

Weisst du noch als junges Mädchen, was du sein wolltest? Eine Trapezkünstlerin im weissen Kleid. Eine graziöse Fee, die über den offenen Mündern und weit aufgerissenen Augen schwebt. Weisst du noch, wen du an deiner Seite wolltest? Einen Begleiter, der an dich glaubt. Du sehntest du dich nach einer Stimme, die dir vor dem Auftritt flüstert: "Habe keine Angst! Alles wird gut." Du sehntest dich nach einem Mund, der dir vor dem Einschlafen Geschichten erzählt. Nach Augen, die auf deine weisse Haut hinter dem Russ sehen.

Eines Tages kommt ein junger, fremder Mann in den Zirkus. Ein Musiker, der lange auf der Strasse gespielt und die Menschen vor den Einkaufshäusern und auf den Plätzen mit seiner Musik erfreut hat. Er ist gross und hat blaue Augen.

Er glaube an Träume und an Gott, tuscheln die Schlangenfrau und der Clown hinter vorgehaltener Hand. Dir gefällt das. Er gefällt dir. Aber du bist zu dunkel und zu alt für ihn. Also hältst du dich im Hintergrund und beobachtest ihn. Manchmal schaust du ihm aus deinem Wohnwagen zu, wie er freundlich den Zirkusdirektor begrüsst oder ein Wort mit dem Dompteur wechselt. Und wenn er, inmitten der Zirkuskapelle singend Geschichten erzählt, wird es warm in deinem Herz.

Dann denkst du an dein Publikum. Was würden sie sagen? Würden sie behaupten, du seist nur die Kanonenfrau und würdest nicht zu ihm passen? Würden sie der Überzeugung sein, er sei zu jung für dich und du zu alt für ihn? Du weisst doch, jeder hat seinen Platz im Zirkus. Dieser Platz ist gesetzt und unverrückbar. Deine Zuschauer mögen keine Veränderungen und du bist doch auf ihren Applaus angewiesen?

Eines Morgens als du aus deinem Zirkuswagen trittst und in die Sonne blinzelst, haben sich die Wolken in der Nacht geschüttelt. Der erste Schnee ist gefallen. Du willst dieses Weiss nicht mit deinen russigen Schuhen entweihen und bleibst an der geöffneten Türe stehen. Du betrachtest die tausend Kristalle am Boden, wie sie mit der Sonne um die Wette glitzern.

Plötzlich hörst du Schritte knirschen und siehst, den jungen Musiker auf dich zu kommen. Seine Spuren hinterlassen weisse Dellen, mehr nicht. Du wirst nervös, blinzelst mit den Augen und willst die Türe des Zirkuswagens schliessen. Du hoffst, er gehe an dir vorbei und schliesst die Augen. Doch er bleibt vor deinem Wagen stehen. Du hörst wie er die Treppen des Zirkuswagens besteigt, sich nähert und dir ins Ohr flüstert: “Ich habe dich gesucht!”

Dein Kopf wird rot, heiss und dein Herz hämmert in deiner Brust wie verrückt. Du kneifst die Augen noch fester zu. Du spürst seinen Atem an deinem Hals. Langsam öffnest du die Augen. Sein Blau trifft dich und lächelt dich an. Du wendest schnell dein Gesicht ab, du schämst dich eine Kanonenfrau zu sein. Wer will schon in ein von Schmutz gefärbtes, altes Antlitz sehen? Er berührt sanft dein Gesicht und du musst ihm wieder in die Augen schauen. Dann macht er mit seinem Daumen ein Kreuzzeichen auf deine Stirn.

"Du bist keine Kanonenfrau, du bist eine Trapezkünstlerin. Ich sehe das in deinem Blick.", sagt er. Du erschrickst ab seinen Worten, so dass du dich abwenden und davon rennen möchtest. Doch er hält dich mit beiden Händen fest und schaut dir weiter ins Gesicht. Und du siehst das Firmament in seinen Augen. Wie konnte er deinen Traum kennen?

Und während er dich hält, spürst du, wie seine Wärme in deine Arme fliesst. Wie eine Welle erfasst sie dich, breitet sich zuerst in deinem Bauch aus und macht sich in deinen Gliedern breit. Sie überflutet dein Inneres und alles versickert darin. Was geschieht mit dir? Dein Herz jauchzt vor Wonne, aber dein Kopf brüllt: "Spinnst du! Was soll dein Publikum denken? Eine Kanonenfrau und ein Musiker, das geht nicht!"

Der Musiker erklärt dir weiter: "Du wolltest schon immer wie eine Feder über die Köpfe der Menschen schweben. Leicht, frei und ohne Angst." Er hält kurz inne, nimmt dich an der Hand und führt dich zu der Sitzbank vor dem Zirkuswagen. Wir hinterlassen helle und dunkle Spuren im Schnee.

Er sagt: “Ich liebe dich!” Und dein warmer Körper wird augenblicklich kalt, dein Atem stockt. Angst sticht direkt in deine Lunge. Panik, dein Publikum zu verlieren! Furcht, deinen angestammten Platz zu verspielen! Dein Kopf stampft wie eine schnaubende Dampflock. Du ringst nach Luft, glaubst zu platzen...

Plötzlich halten seine Hände dein Gesicht und wieder durchströmt dich diese Glut. “Ich dich auch”, stammelst du, bevor sein Mund deinen verschliesst. Weisse Flocken tanzen ausgelassen über eure Köpfe. Du wirst dir ein neues Publikum suchen müssen, Trapezkünstlerin!

Von Sinnlosigkeiten und remodellierten Gesichtskonturen

Neulich betrat ich mit zerzausten Locken das Büro und jammerte über den schrecklichen Wind, der draussen herrschte. Mein Kollege hob seinen Blick und erwiderte mit gelangweilter Stimme: "Ach, diese Probleme möchte ich auch haben." Ich konterte wie aus der Pistole geschossen: "Also meine richtigen Probleme sind: Ersten, der nicht erreichte Weltfrieden, zweitens, der CO2-Ausstoss und drittens, die gewaltige Eurokrise. Diese Probleme wiederspiegeln sich in meinen zerzausten Haaren als metaphorische Brücke meiner quälenden Ohnmacht." Irritiert über meine Antwort, schaute er mich nur dumpf an. Dann zuckte er mit den Schultern und überliess mich meinem, von ihm unverstandenen, Humor und meiner wilden Frisur.

Einen Tag später traf ich meine Freundin und wir tranken Kaffee. Danach begaben wir uns auf Entdeckungsreise in die Kosmetikabteilung eines grossen Warenhauses. Wie viele weibliche Wesen in dieser Welt können wir uns diesem brutalen Druck, faltenfrei und ewig jugendlich zu sein, nicht entziehen. Ab einem gewissen Alter muss man mehr für das Aussehen tun, als nur Zähne zu putzen vor dem Schlafengehen.

Ich studierte mit grosser Aufmerksamkeit die Produkte für Frauen ab 30. Mein Blick wanderte meist nach oben, weil die dort platzierten Tiegel für die jungen Frauen waren - wie ich. Die für die älteren Damen - nicht wie ich – standen unten. Ich nahm die Döschen und las das Kleingeschriebene akribisch wie ein Detektiv auf Spurensuche. Ich verglich die Wirkungen und Resultate auf den Beipackzetteln.

Wie schon erwähnt, befanden sich die Cremes für die älteren Damen im unteren Bereich des Regals. Am Regalrand, dort wo die Preisschilder standen, waren auch kleine Spiegel befestigt. Den Sinn dieser Spiegel verstand ich erst, als ich entdeckte, wie beschissen ich aussehe, wenn ich den Kopf nach unten neige. Die Haut hing erschlafft am Hals und an den Konturen meines Gesichtes! Ich erschrak und für einen Augenblick stockte mein Atem. Wer auch immer diese Spiegel dort befestigt hatte, sie waren Dreckschweine!

So griff ich unter Schock ein Döschen im unteren Regal. Dieser Tiegel versprach remodellierte Gesichtskonturen und straffe Haut in nur drei Wochen. Produkt ab 45! Traumatisiert zahlte ich meine neue Gesichtscreme, vergass meine Freundin im Laden und überfuhr fast einen Grand Anglo-Francais Blanc et Noir (Hund für den Rest der Leser).

“Ich bin alt” stotterte ich immer noch völlig verstört, als später mein Partner durch die Haustüre trat. “Und schön!” fügte er galant hinzu. Aber das hörte ich nicht mehr, weil ich mich mit dem Rückzug der Amis aus Irak beschäftigte und über die lausigen Ergebnisse des Klimagipfels ärgerte. Der Weltfrieden war, wie erwartet, noch mehr in die Ferne gerückt.

Von seltsamen Geschichten

Wie ein Geheimnis zum Kater wird

Es ist früh am Morgen und dunkel als ich aufwache. Das Licht der Strassenlampe vor dem Bürofenster lässt die Möbel Schatten werfen. Stöhnend erhebe ich mich vom Sofa, auf dem ich die Nacht verbracht habe. Als ich mir über das Kinn fahre, knistern die Bartstoppeln wie brennende Tannennadeln. Ich strecke meinen Hals und ein kurzer, heftiger Schmerz fährt durch meinen Kopf. Was für ein Scheissmorgen!

Während ich zum Schreibtisch schlurfe und schalte ich das Radio ein. Nina Simone krächzt: „Here comes the sun." Sie lügt, wie allen andern auch. Meinen Blick zum Fenster gewandt, massiere ich meinen steifen Nacken, während mich das Licht der Strassenlampe angähnt. Dann schleppe ich mich zur Kaffeemaschine und drücke den Knopf für Espresso. Das kreischende Mahlen der Bohnen lässt mich zusammenzucken. Keuchend und zähflüssig fliesst der Kaffee in die Tasse. Meine Schläfen pochen wie verrückt und die Augen brennen. Ich habe einen Kater. Zurück am Schreibtisch schalte ich die grüne Tischlampe ein. Dabei starre ich den hellbraunen Schaum meines Espressos an, der lautlos platzend in sich zusammenfällt. Der Schein meiner Tischlampe ist so aufdringlich, wie zu viel Schminke auf dem Gesicht einer hässlichen Frau. Kein Wunder fühle ich mich gerädert, habe ich doch die halbe Nacht auf dem Sofa in meinem Büro verbracht.

Die erste Hälfte der Nacht war ich zuhause gewesen. Aber ich konnte nicht schlafen und fuhr schliesslich in mein Büro. Auf dem grünen Sofa neben meinem Schreibtisch schlief ich sofort ein. Alte Gewohnheiten legt man nicht so leicht ab wie einen Schal.

Der Duft meines jetzt schaumlosen Espressos bringt keinen Trost. In meinem

Kopf haut der Kater heftig auf den Amboss und ich hauche in meine Hand, um daran zu riechen. Mein Atmen stinkt nach Alkohol, Zigaretten und Verbitterung, ein vertrauter Geruch.

Ich war gestern mit meinem Chef in der Löwenbar gewesen. Murgenthaler und ich hatten uns nach Dienstschluss noch ein paar Single Malt genehmigt. Ich mag ihn nicht wirklich, aber ganz ungern habe ich ihn auch nicht. Er als Mensch, hat mich nie sonderlich interessiert, nur eine Frage quälte mich, seit ich ihn kannte: Wieso hatte er mich vor mehr als einem Jahr eingestellt? Das Vorstellungsgespräch war miserabel gelaufen und ich hatte mir keine Hoffnungen auf eine Anstellung gemacht. Und trotzdem erhielt ich den Job. Ich gebe zu, ich war enttäuscht von ihm.

Am Vorabend des Vorstellungsgespräches hatte ich zu viel getrunken und zu wenig geschlafen. Ich hatte Mühe, mich beim Gespräch zu konzentrieren. Die Fragen von Murgenthaler schienen mir belanglos und unnütz. Müde, sind Belanglosigkeiten noch schwerer zu ertragen als ausgeruht. Schliesslich teilte mir Murgenthaler am Ende des Gesprächs mit, dass er noch andere Bewerber für ein Vorstellungsgespräch berücksichtigen würde. Ich antwortete ihm, dass es mich erstaunen würde, wenn es die nicht gäbe. „Herr Meyer, wir melden uns. Sie erfahren in den nächsten Tagen, ob wir uns für sie entschieden haben.“, meinte er und reichte mir zum Abschied seine feuchte Hand.

Das Sofa war ein hartes Nachtlager gewesen. Umso weicher war gestern Abend der Whiskey durch meine Kehle geflossen. Murgenthaler hatte mir in der Bar eine Geschichte erzählt, die mich vor den Kopf geschlagen hatte. Meine einzige Frage an ihn hatte sich endlich gestern erledigt- mit einer blöden, einer saublöden, Erklärung.

Ich seufze und empfinde mein Leben als eine unglückliche Aneinanderreihung von Missgeschicken. Auf diese Erkenntnis muss ich eine Zigarette rauchen. Ich krame meine Schachtel Zigaretten aus der Schreibtischschublade hervor. Es gibt Dinge, die man nicht erfahren will.

Vor mehr als einem Jahr war ich 58 geworden und erlebte meine dritte Scheidung. Ich fühlte mich als Niete und wollte dieses Gefühl möglichst schnell loswerden. Trinken half zwar nicht, aber machte das Versagen erträglicher. Als ich in der Zeitung las, dass die Polizei von Zofingen einen Kommissar suchte, beschloss ich, mich zu bewerben und falls ich den Job bekäme, umzuziehen. Es ist leichter, sich an einem fremden Ort als Versager zu fühlen, als mit Menschen sein Unglück zu teilen, die man kennt. In einer fremden Stadt auf keine Vergangenheit zurückblicken zu können, erleichtert das Leben, obwohl es immer noch das Gleiche ist. Ich hatte wirklich nicht erwartet, den Job zu bekommen. Als ich den Arbeitsvertrag mit der Post erhielt, war ich mehr erstaunt als erfreut. Ich ahnte, dass es bei meiner Anstellung nicht mit rechten Dingen zugegangen war.

„Bis jetzt haben sie die drei letzten Fälle nicht gelöst, Meyer. Ich finde sie sollten weniger trinken!“, giftete Murgenthaler und trank seinen Whiskey in einem Schluck aus. Ich nickte und sah, wie sich sein Gesicht kurz zu einer Grimasse verzog. „Chef, sie könnten recht haben.“, erwiderte ich. „Ich habe recht!“, schnauzte mich Murgenthaler an, hob seine Hand und bestellte einen weiteren Whiskey. Nachdem sein zweites Glas auf dem Tresen ruhte, packte er mich am Arm und zog mich zu sich hin. Er starte mich mit geröteten Augen an. Ich roch seinen Atem. „Meyer, wir wollten sie gar nicht einstellen.“, flüsterte er. Ich drückte ihn verdutzt von mir weg. „Wie meinen sie das?“, antwortete ich. „Wie soll ich ihnen das erklären?“, flüsterte Murgenthaler mit unsicherer Zunge weiter.

Zitternd, schon fast unbeholfen fingerte er sich eine Zigarette aus der Schachtel. Er schob sie zu tief in den Mund. Als er es bemerkte, seine Lippen klebten am weissen Zigarettenpapier, öffnete er den Mund und zog die Zigarette in Zeitlupentempo bis zum Filter heraus. Dann schnappte sein Mund wieder zu. Er zündete die Zigarette an, nahm einen tiefen Zug und blies den Rauch zur Decke. Dann schaute er sich umher, als ob er Angst hätte, dass uns jemand zuhören würde. Leise fuhr er fort: „Ihre Anstellung war ein Missverständnis. Wir haben die Bewerbungsunterlagen vertauscht! Wir hatten uns für einen anderen Bewerber mit gleichem Nachnamen entschieden. Er hiess Meier!“ Murgenthaler schaute Hilfe suchend aus dem Fenster, dabei zog er heftig an seiner Zigarette. Ich starrte ihn ungläubig an: „Wie? Er hiess Meyer? Er hatte den gleichen Nachnamen wie ich? Ich verstehe nicht!“ Das hatte ich nicht erwartet!

“Ja, er hiess Meier. Aber mit „ei“ und nicht mit „ey“. Ich bin zwei Tage nach ihrem Bewerbungsgespräch mit meiner Frau in den Urlaub gefahren. Darum beauftragte ich meine Sekretärin telefonisch, sie solle den Arbeitsvertrag an Meier senden. Sie griff irrtümlicherweise nach ihren Unterlagen und so erhielten sie den Vertrag. Also statt der Meier, mit „ei“, erhielten sie, der Meyer mit „ey“, den Arbeitsvertrag.“ Ich schüttelte den Kopf. So etwas Lächerliches hatte ich noch nie gehört!

Murgenthaler drückte seine Zigarette aus. Als er seine Hand hob, klebte der Stummel an seinem Zeigefinger. Er musste wohl sehr feuchte Finger haben. Unbeholfen schüttelte er seinen Finger bis der daran zappelnde Zigarettenstummel löste und in den Aschenbecher fiel. „Chef, sie wollen mich doch verarschen!“, erwiderte ich nach diesem Schauspiel und trank den letzten Schluck meines Whiskeys. Sein Kampf mit der Zigarette hatte seine Aussage unglaublich lächerlich wirken lassen. „Nein“, erwiderte er mit glasigen Augen. “Es ist die Wahrheit, Meyer! Ich verrate ihnen noch etwas.“, fuhr er mit gedämpfter Stimme fort und schaute mich dabei eindringlich an. Er zog mich wieder näher an sich, was mich nicht unbedingt freute. Ich musste mich mit seinem Mundgeruch von neuem auseinandersetzen.

„Ich habe ein Verhältnis mit meiner Sekretärin. Ich glaube, ich liebe sie. Das ist der Grund, weshalb ich sie, Meyer, nehmen musste. Ich konnte doch denen da oben nicht mitteilen, dass meine Sekretärin einen Fehler gemacht hatte.“, dabei zeigte er mit seinem von Asche beschmutzten Zeigefinger gegen die Decke. „Sonst hätte man mir befohlen, ich solle beide, meine Sekretärin und sie, entlassen. Was glauben sie, wie sich diese Frau gerächt hätte? Sie hätte ganz sicher meiner Frau von unserem Verhältnis erzählt, und das ist das Letzte, was ich will.“ Ich war mir nicht sicher, vor wem er mehr Angst hatte; vor seiner Geliebten oder seiner Frau. Er fuhr wild fuchtelnd fort: „Darum habe ich beschlossen, sie, Meyer, zu behalten. So habe ich weiterhin meine Sekretärin und meine Frau. Ich finde das fair, sie nicht?“ Fassungslos zündete ich mir eine Zigarette an. Murgenthaler wirkte wie ein trotziger Junge und starrte unsicher in sein Glas. Er nahm einen grossen Schluck. Auch ich musste jetzt einen grossen Schluck nehmen. „Sie haben ein Verhältnis mit Frau Huber?“, fasste ich seine Geschichte zusammen. Ich versuchte mir die grosse, schlanke, blonde Huber mit dem kleinen, behäbigen Murgenthaler im Bett vorzustellen. Es gelang mir nicht. Aber jetzt war meine Frage beantwortet! Nur weil ein anderer Mann seinen Schwanz nicht im Zaume halten konnte, hatte ich meinen Job erhalten. Man konnte es auch so sehen: Ich hatte meinen Job, weil mein Vorgesetzter ein verdammter Feigling war und keinen reinen Tisch machen konnte! Beide Erklärungen gefielen mir nicht. Das einzige, was mich in diesem Moment tröstete, war, dass mehr als nur ein Versager am Tresen stand.

Als ob Murgenthaler meine Gedanken gelesen hätte, fuhr er fort: “Ich mache jetzt einen Deal mit ihnen!“ Seine Aussprache war so feucht geworden, dass er mir beim Sprechen auf Hals und Wange spuckte. Ich fuhr zurück, wischte mir seine Spucke mit dem Handrücken weg und schaute ihn fragend an.“ Ich habe ihnen von meinem Verhältnis mit der Huber erzählt und sie halten die Schnauze, was sie von ihrer Anstellung wissen.” Ich schüttelte den Kopf: „Aber wie konnte sowas passieren“, murmelte ich mehr zu mir, ohne auf sein Angebot einzugehen. Murgenthaler antwortete, indem er die Wörter langsam und einzeln aussprach. Als würde er mit einem Tauben reden, der seine Worte von den Lippen lesen musste: “ Nach dem Bewerbungsgespräch mit ihnen ging ich in den Urlaub. Als ich nach zwei Wochen zurückkam, bemerkte ich das Missverständnis. Elena hatte mir ihre Unterlagen auf den Tisch gelegt und gesagt, sie hätte Meyer den Arbeitsvertrag gesendet. Da stellte ich fest, dass man ihnen den Vertrag zugesandt hatte und nicht meinem Favoriten Meier. Statt Herrn Meier mit „ei“ einzustellen, der meine erste Wahl gewesen wäre, haben wir stattdessen sie angestellt.“ Ich stand auf und sprach genauso langsam wie Murgenthaler. „Chef, ich habe sie verstanden! Sie wollten die Huber verschonen, und darum habe ich jetzt den Job! Das ist das, was sie mir sagen wollten.“

Murgenthaler sah mich erstaunt an, seufzte, nickte und murmelte: „Ja, das wollte ich eigentlich sagen.“„Ich gehe jetzt, bin müde“, antwortete ich. In einem Zug leerte ich den Rest meines Glases, löschte die Zigarette, zog meine Jacke an und begab mich zum Ausgang. Da hörte ich Murgenthaler durch die Bar brüllen: „Übrigens, ich lade sie heute Abend ein. Wir sind quitt. Vergessen sie das nicht!“ Die Türe fiel hinter mir mit einem Knall zu. Ich schlug den Jackenkragen hoch und ging schnellen Schrittes durch die Gassen. Ich fühlte. wie sich die Kränkung in mir ausbreitete. Meine Anstellung war also nur dank einer Verwechslung zustande gekommen. Diese Erkenntnis schmeckte bitter und ich zündete mir eine weitere Zigarette an, die den Geschmack nicht milderte.

Zuhause angekommen, liess ich meine Jacke auf den Boden fallen und ging ins Schlafzimmer. Ohne Licht zu machen, zog ich mich nackt aus. Ich legte mich aufs Bett und zündete mir nochmals eine Zigarette an. Die Dunkelheit meines Zimmers wurde kurz einem roten Glimmen durchbrochen. Ich stand auf, ging zum Büchergestell und zog eine DVD zwischen den Büchern heraus. Ich schob den Film in den Player, der beim Fernseher vor meinem Bett stand, fasste das Kontrollkästchen und legte mich wieder auf mein Bett. Sofort erschien eine Warnung des FBI, die vom Lachen einer Blondine abgelöst wurde. Sie leckte sich die Lippen und schaute mich lüstern an. Auf Englisch sagte sie mir, sie hätte Lust auf meinen Saft. Dann kniete sie sich hin und nahm zwei Schwänze in den Mund. Ich hatte keine Lust, ihr beim Blasen zu zuschauen und drückte auf Vorlauf bis zur Stelle, in der sie sich von Beiden ficken lies. Ich griff nach meinem Schwanz, massierte ihn schnell und explodierte noch bevor es den zwei Männern im Film kam.

Normalerweise half masturbieren. Mein Kopf wurde leer und es machte mich müde. Doch ich war immer noch hellwach und starrte in die Dunkelheit, während ich mir eine weitere Zigarette anzündete. Ich glaube nicht, dass die Blonde Spass an ihrem Job hatte. Aber den hatte ich ja auch nicht. Verdammt, ich konnte nicht schlafen! Also stand ich auf, zog mich an und verliess meine Wohnung fünf Minuten später. Während meine Schritte durch die Gassen von Zofingen hallten, stellte ich mir Murgenthaler vor, wie er die Huber im Rhythmus meiner Schritte bumste. Diese Vorstellung lies mich grinsen. In meinem Büro angekommen, liess ich mich auf das Sofa nieder und fiel in traumlosen, schweren Schlaf.

Von der rauchenden Katze

“Ich habe mein Feuerzeug verloren.”, stellte er fest und strich mir gedankenverloren über meine Locken. Ich nickte und zuckte mit den Schultern. Er ahnte nicht, dass ich es versteckt hatte. Später, als ich seine ruhigen Atemzüge neben mir hörte, schlich ich leise aus dem Bett und verliess das Haus, sein Feuerzeug fest in der Hand. Ich suchte in der Dunkelheit den vergilbten Zeitungsstapel, der mir vor Stunden aufgefallen war. Da! Ohne eine Sekunde zu zögern, zündete ich die Zeitungen an.

Das scheue Flackern wuchs schnell zu einer lodernden Flamme. Der Stapel brannten und seine gierigen Feuerzungen griffen nach der Treppe aus Holz. Wie eine gierige, hungrige Bestie frass sich das Feuer ins Haus. Von der lauen Brise der Nacht begünstigt, verschlang es genüsslich sein Haus. Ich sah seine Katze fauchend aus den Flammen und dem Rauch fliehen.

Die Nacht erstrahlte hell beleuchtet von seinem brennenden Heim. Es roch gut. Versunken im Schauspiel, welches sich mir bot, sass ich im Schneidersitz im Garten und rauchte eine Zigarette. Ich streichelte die Katze, die sich in der Zwischenzeit zu mir gesellt hatte. Sie schnurrte.

Wenige Stunden später lag sein Haus in Schutt und Asche. Die verkohlten Reste glühten mit den Sternen um die Wette. Ich stand auf und suchte die Stelle an der noch vor kurzer Zeit sein Bett gestanden hatte. Hätte er die Wahl gehabt, hätte er meine Asche geschnupft. Ich hingegen kratze seine Überreste zusammen, schüttete einen Teil in ein Glas Wasser und trank es. Mit dem Rest drehte ich mir eine Zigarette und rauchte sie.

Die Wirkung war wie erwartet: Eine wohlige Wärme breitete sich in meinem Bauch aus bis sie mein Herz erfasste und es schneller pochen liess. Mir wurde kurz schwindlig. Dann befiel mich ein Lachen, das sich mit Weinen abwechselte. Meine Beine zuckten unkontrolliert und meine Hände zitterten. Ich flüsterte immer wieder seinen Namen, bis mir schwarz vor Augen wurde. Ich verlor das Gleichgewicht und fiel zu Boden. Ich fürchtete, mich aufzulösen und glaubte zu sterben. Dann kam plötzlich eine tiefe Ruhe und ich lag glücklich auf dem Boden. Ich genoss die Wirkung seiner verbrannten Gebeine, während ich den Sternenhimmel betrachtete. Ich seufzte tief und wusste, ich würde nie mehr alleine sein. Mir wurde kalt, so dass ich zu zittern begann.

Als die Morgendämmerung einbrach, stiegen aus der Ruine nur noch helle Rauchschwaden in den Himmel. Ich schlüpfte in mein Hochzeitskleid, schminkte mich und zupfte sorgfältig meine Locken zurecht. Vorsichtig hob ich mein Kleid, stieg in den Sarg und legte mich hin. Ich beobachtete, wie die Katze die Totenkiste vorsichtig schloss bis mich nur noch tiefes Schwarz umgab. Mit dem gestohlenen Feuerzeug steckte die Katze den Sarg in Brand. Mein erkalteter Körper wurde endlich wieder warm.

Die Katze hatte aufgepasst. Nachdem der Sarg niedergebrannt war, strich sie sorgfältig meine Asche zusammen, mischte sie mit Tabak und stopfte sich eine Pfeife. Sie rauchte und schaute dem Sonnenaufgang entgegen.

Der Rahmen ohne Bild und der blaue Hund

“Ich will wieder ganz sein”, erklärte sie heiser, während sie näher zu mir rutschte, so dass ich ihren Atem riechen konnte. “Ich bin in der Wüste gewesen, am Meer und sogar in den Bergen. Es nützte nichts. Ich hatte immer nur einen Teil von mir dabei!” flüsterte sie mir zu. Der Geruch aus ihrem Mund floss von meinem Ohr auf meine Wange und kroch in meine Nase. Ich glaube, sie hatte Döner gegessen.

Die Bar war um diese Zeit fast leer. Darum sass ich oft hier und trank mein Wasser. Das Trinken hatte ich schon lange aufgegeben. Doch ich hatte nicht damit gerechnet, jemandem zu begegnen, der schon um diese Zeit betrunken war und nach Zwiebeln roch.

Als ich nicht reagierte – was hätte ich Gescheites auf eine solche Aussage antworten sollen? – stand sie enttäuscht auf und begab sich an den Tresen. Sie bestellte sich ein Glas Rotwein. Dann schwankte sie zum gelben Zebra, das einen Bourbon on the Rocks mit einem Röhrchen schlürfte und setzte sich zu ihm.

Ich verstand diese Frau nicht. Ich hatte weder ihre Aussage verstanden, noch, dass sie sich jetzt zu diesem gelben Zebra gesetzt hatte. Sollte ich das mit dem Wassertrinken vielleicht sein lassen? Mein blauer Hund unter dem Tisch gähnte. Mein “Tristan, braver Hund!” quittierte er mit einem Wedeln. Sein Schwanz schlug gegen mein Bein und seine Schnauze suchte meine Hand. Er leckte sie hingebungsvoll mit seiner rauen Zunge. Ich hielt meine Hand unter meine Nase; Hundespucke und Trockenfutter. Immerhin, der Dönergeruch war aus meiner Nase verschwunden.

Ich beobachtete, wie sich die Frau und das Zebra angeregt unterhielten. Betrunken zu sein, verschliesst das Auge fürs Wesentliche. Das kann seine Vorteile haben. Ich verstand plötzlich, wieso die Frau nichts mit mir zu tun haben wollte. Ich unterhielt mich nicht mit Zebras und trank Wasser. Oder war es mein blauer Hund?

Mein Blick schweifte über sie hinweg und blieb an der Wand hängen, an der ein Rahmen ohne Bild hing. Kleine Fetzen der Leinwand waren Zeugen ihres gewaltsamen Entfernens. Mein Hund gähnte laut. Mein Kopf juckte und ich kratzte mich. Mein Hund tat es mir gleich. Er setzte sich und kratzte sich mit der Hinterpfote am Ohr. Dabei richtete er seine Augen auf den leeren Rahmen und erklärte: "Das Bild hat sich selbst herausgerissen." Ich starrte ihn verdutzt an. Auf diesen Gedanken wäre ich nie gekommen. Und dann hörte ich Vogelgezwitscher.

Weisse Seerose

Als ich von der Brücke sprang, erwartete ich ein schnelleres Ende. Denn, obwohl man selber glaubt, nicht mehr leben zu wollen, gibt das Leben nicht so schnell auf. So kämpfte mein Überlebenswille gegen die Strömung des Flusses und meine Lungen gegen das Sichfüllen mit Wasser. Aber wie in so vielen belanglosen Geschichten, verlor mein Leben gegen den Lauf der Dinge und das Unvermeidliche geschah: Ich ertrank.

Als mein Körper auf den Boden des Flussbettes sank, sah ich nichts. „Ich hätte mir ein klareres Gewässer aussuchen sollen!", fuhr es mir durch meinen toten Kopf. Die Strömung trieb mich fort und Steine hinterliessen Spuren in meinem Gesicht. Es war ein Hecht, der mein linkes Auge genüsslich frass. Ich kann es ihm nicht verübeln. Schon zu Lebzeiten fanden die Menschen, ich hätte schöne Augen. Wieso sollten sie nicht auch gut schmecken?

Langsam füllte sich mein Körper mit Gasen und mit dem Kopf nach unten trieb ich an die Wasseroberfläche. Ich begab mich auf eine lange Reise. Ich driftete unbemerkt an Ufern mit planschenden Kinder vorbei, weiter an einsamen Flussstränden, an denen sich nachts Liebende zu einem Schäferstündchen trafen. Auch die lustige Gesellschaft mit Bier und Würsten entdeckte mich nicht. Das machte mich traurig.

Eines Tages, nach Wochen des einsamen Dahintreibens, spülte mich das Wasser in einen stillen Flussarm und meine Leiche verfing sich im Schilf. Endlich hatte meine Reise ein Ende gefunden.

Es musste Juni gewesen sein, als sich eine weisse Seerose als Verankerung mein fast nicht mehr vorhandenes Gesicht aussuchte. Ich war gerührt wie majestätisch sich ihre weissen Kronblätter der Sonne entgegen reckten. Gegen Abend schloss sie ihre Blüte. Ich hätte es nicht anders gemacht.

Ich weiss nicht, ob mich die Menschen gesucht haben. Die Seerose jedenfalls hatte mich gefunden.

Es regnet Blut.

Ich will mich nicht mehr im Spiegel betrachten. Denn ich sehe mein Antlitz, das Schuld ist an meinen schlaflosen Nächten. Ich könnte mit der Faust in den Spiegel schlagen und mein Spiegelbild zerstören. Dann würde ich mit einer Scherbe mein Gesicht zerschneiden. Sollte ich mich in einem anderen Spiegel wieder sehen, würde ich mich wenigstens nicht mehr erkennen.

Mit blutendem Gesicht baue ich mir einen Papierdrachen und fliege los. Die Menschen unter mir heben erstaunt die Hand. „Es regnet Blut!“ stellen sie erschrocken fest.

Während dem Blutregen geht ein Mann zu seiner Frau nachhause. „Ich bin nicht das Drama.“, brüllt er sie verzweifelt an. „Ich bin nur die Bühne!“ „Schau dich an! DU bist der Hauptdarsteller und niemand anderes. Du mit deinem roten Gesicht!“ schreit sie wütend zurück. Er flüchtet ins Bad und sieht sein blutiges Gesicht im Spiegel. Er erschaudert bei seinem Anblick, so dass er das Badezimmerfenster aufreisst und sich hinaus stürzt. Während man das Knacken seiner Knochen hört und sein Blick zerbricht, fliegt seine Seele zu mir hinauf. Ich habe auf sie gewartet.

Und so fliegen wir gemeinsam auf dem Drachen ans Meer. Endlich können wir zusammen auf der Klippe stehen und die Wellen beobachten. Das hatten wir uns schon immer gewünscht.

Mein Toaster und ich

Da ich Single bin, aber trotzdem nicht alleine durchs Leben gehen möchte, habe ich mich für einen Toaster als neuen Weggefährten entschieden. Es war ein spontaner Entscheid, völlig aus dem Bauch heraus. Seit ich ihn besitze, gibt er mir so viel. Ich bereue nicht, dass ich ihn gekauft habe.

So einen hübschen Toaster hatte ich noch nie; er sieht gut aus. Er ist schwarz, mit einem weissen Totenkopf bedruckt. Unter dem Totenkopfaufdruck steht "Sweet Toast of Mine", seine Liebeserklärung an mich. Jedes Mal, wenn ich ihn betrachte und liebevoll über seine Oberfläche fahre, spüre ich, dass er nur mich liebt.

Esse ich am Tisch, stelle ich ihn mir gegenüber auf und er schaut mir aufmerksam zu. Ich erzähle ihm von meinem Tag, von meinen Wünschen und Gefühlen. Er ist ein geduldiger Zuhörer. Er unterbricht mich nie und kann mir stundenlang zuhören. Stecke ich ein Stück Brot oder einen Toast in ihn, wird er heiss. Ich mag das. Was kann einer Frau Besseres widerfahren, als wenn ihr Toaster wegen ihr heiss wird?

Wenn er toastet, gibt er sich alle Mühe. Er schaut, dass ich das bekomme, was ich mir von ihm wünsche. Schleudert das getoastete Brot heraus, entschlüpft mir ein kleiner Seufzer als Belohnung und ich streichle liebevoll über seinen Kopf.

Manchmal schauen wir uns abends gemeinsam eine DVD an. Er mag die Filme, die ich mag. Wir streiten uns nie über meine Auswahl. Ich höre weder ein unhöfliches Rülpsen nach dem Bier, noch ein Schmatzen beim Nüsschen essen. Er gibt keine blöden Kommentare ab. Wenn ich etwas bemerke, ist er immer meiner Meinung.

Ab und zu darf er in mein Bett. Doch bevor es so weit ist, stelle ich ihn auf den Kopf und schüttle ihn. Dann kichert er, während Brotbrösel aus ihm herausrieseln. Danach legen wir uns gemeinsam ins Bett und schauen uns in die Augen. Ich will sein Gesicht betrachten und spüren, was er fühlt. Oft flüstere ich ihm Schmeicheleien zu oder knuffe ihn in die Seite. Dann fordert er mich mit einem neckischen Grinsen auf, einen Finger in seinen Schlitz zu stecken. Aber auf diesen Trick falle nicht herein und das gefällt ihm. Schliesslich raunt er mir ins Ohr, ich sei nicht nur hübsch anzuschauen, sondern auch ein kluges Mädchen.

Seit ich mit ihm zusammen lebe, fühle ich mich nicht mehr einsam. Denn mein Toaster gibt mir Wärme und Geborgenheit.

Die Bank am Bahnhof am Gleis 4

Am Bahnhof neben dem Gleis 4 steht eine kleine Bank. Als sich die Frau mit dem traurigen Blick setzt, kühlt sich ihr Hintern ab und die Sitzfläche der Bank wird warm. Der schwere Nebel versteckt die Häuserfronten. Die Bäume lassen ihre Köpfe hinter dem grauen Schleier hängen. Es sind wenige Menschen am Bahnhof, die mit ausdruckslosen Gesichtern auf den Zug nach Olten warten. Ein Novembermorgen.

Da steht die Frau plötzlich auf, rennt ans Gleis 4 und wirft sich vor den ICE Rosenheim, der gerade durch den Bahnhof braust. Entsetzt schreien die Wartenden auf. Die Langeweile und Gleichgültigkeit sind auf einen Schlag aus ihren starren Körpern entwichen und tiefe Fassungslosigkeit macht sich in diesem Vakuum breit. Mit offenen Mündern stehen die sie da, ihre Augen weitaufgerissen.

Der Druck, der seit Monaten auf der Brust der Frau lag, lässt sofort nach. Ihr Brustkorb platzt durch den Aufprall mit dem Zug. Die Lunge landet direkt auf der Glatze eines kleinen dicken Mannes, der am Bahnsteig steht. Sein Blick wirkt versteinert. Die Lunge liegt auf seinem Kopf wie ein schlecht sitzendes Toupet. Blut rinnt ihm über das Gesicht.

Die Wucht des Aufpralls reisst die Beine der Frau in Stücke. Ihr linker Fuss mit Turnschuh zertrümmert einer Frau, mit blondiertem Haar, den Kiefer. Unweit vom Glatzköpfigen sackt die Blonde lautlos zusammen und ihr Kopf schlägt mit einem dumpfen Geräusch auf.

Eine lesende Frau, die im ICE sitzt, blickt kurz nach dem Aufschlag verwundert aus dem Fenster und sieht ein Auge vorbefliegen.

Aber die Frau weiss nicht, dass es ein Auge der Toten war. Ohne Kopf, ist ein fliegendes Auge schwer zu erkennen.

Der Hintern der Frau fühlt sich nicht mehr kalt an. Er ist von den Rädern des ICE zerstückelt worden. Auch ein Ohr ist vom Kopf abgetrennt worden und landet zusammen mit einem Teil ihres Hinterns auf einer nahen Wiese. Die tote Frau hätte nie erwartet, dass ihr Po und ihre Ohren jemals so nahe bei einander liegen würden.

Eine junge Brünette mit roter Mütze übergibt sich, als sie von einem dicken Blutspritzer mitten ins Gesicht getroffen wird. Auf dem Boden ihr Frühstück, es sieht nach Kaffee und Croissant aus.

Als der Zug nach Olten anhält, steigt die Frau mit dem traurigen Blick in den ICE Rosenheim und lässt ihren Albtraum auf der Bank liegen.

Franz und der schwarze Fleck

Franz starb an einem Sonntag im Februar. Der kleine, schwarze Fleck auf seinem Bauch hatte sein Leben aufgefressen.

Franz hatte sich lange vor dem schwarzen Punkt gefürchtet, der auf seinem Bauch wuchs. Denn dieser dunkle Punkt mauserte sich zu einem schwarzen Fleck. Und dieser schwarze Fleck, dieses schwarze Etwas begann langsam, ihn innerlich zu zerstören. Er wehrte sich nicht gegen das Gefressenwerden. Einmal erzählte er mir, er habe so viel Schönes erlebt, er könne ruhigen Gewissens gehen. Franz freundete sich mit dem Gedanken an, dass er den Grund seines Todes kennen würde. Sein Tod war leise, fast rücksichtsvoll. Genau so hatte Franz auch fotografiert.

Er starb in Gesellschaft von Freunden. „Was für ein Glück ich habe!", dachte er. „Nicht jeder darf in Gesellschaft derer sterben, die man liebt." Er freute sich, als er die vielen Leute an seiner Beerdigung sah. Alex Capus war gekommen und andere, die sich von ihm hatten fotografieren lassen. Auffällig waren die vielen Frauen unter den Trauernden.

Viele von den trauernden Frauen hatte er nackt fotografiert. Franz hatte Frauen geliebt, er liebte ihre Körper. Er war Industriefotograf gewesen, aber Frauenkörper empfand er als genau so schön, wie Maschinen und Gebäude. Einige Frauen vergossen ihre Tränen lautlos. Andere wiederum liessen ihrem Schmerz freien Lauf und weinten laut und ungehemmt.

Der Kopf der grossen, blonden Frau in der dritten Reihe überragte alle anderen Köpfe. Sie weinte nicht, ihr Gesicht war erstarrt in Trauer um Franz. So hätte man zumindest vermuten können. Doch Franz wusste, dass sich Angst hinter ihrer Maske verbarg. Die Furcht, dass auch sie den möglichen

Grund ihres Todes im Voraus kennen würde. Am Morgen, vor der Beerdigung, hatte sie einen HIV-Test beim Arzt durchführen lassen. Nun fürchtete sie sich vor dem Ergebnis. Würde es positiv ausfallen, würde ihr Mann erfahren, dass sie ihn betrogen hat. Er würde sie hassen und verlassen. Es gäbe für sie kein Sterben begleitet von einem geliebten Menschen. Ihr schwarzer Fleck hatte ihre Selbstbeherrschung vernichtet und sie brach in Tränen aus.

Die dunkelhaarige Frau weinte seit sie in die Kirche eingetreten war. Leise und ohne Unterbruch. Die Tränen schienen an einem Bindfaden zu hängen, eine Perlenkette an Leid, die kein Ende zu nehmen schien. Franz kannte sie gut. Seit Jahren war die Frau in einer tiefen Ohnmacht gefangen. Sie fühlte sich einsam, obwohl sie viele Freunde besass. Sie erklärte ihren Freunden, sie habe ein paar Enttäuschungen zu viel erlebt und innerlich fühle sie sich tot. Sie brauche jemanden zum Reden. Doch niemand wollte ihr wirklich zuhören. Und ihr Blick wurde immer dunkler und trauriger. Sie erinnerte sich, wie Franz kurz vor seinem Tod sagte: "Deine Augen sind leer, dein Blick ist düster! Mach was dagegen!" Ihr schwarzer Fleck frass sich unermüdlich in ihre Seele hinein.

Die ältere Dame aus der rechten Reihe wischte sich verstohlen eine Träne aus dem Augenwinkel. Sie erinnerte sich an Franz, wie sie einst zusammen Kaffee tranken und Miles Davis hörten. "Ich kenne die Frauen", hatte er ihr erzählt. „Eine Frau braucht fünf Männer. Mindestens! Einer schafft das Ganze nicht!", und er lachte laut auf. „Einer als Geliebter, einer als Putzmann, einer für die Kultur und den Spass, einer als Freund und Seelentröster und einer als Begleiter im Alltag." Plötzlich vibrierte ihr Handy auf dem Tisch und Franz verstummte. Beide blickten auf das zappelnde Telefon. Sie nahm es in die Hand, schaute sich lange die Nummer an und steckte das Handy schliesslich in ihre Handtasche. Ihr Ehemann versuchte sie zu erreichen. Mit diesem Mann war sie seit über 45 Jahre verheiratet und er war immer noch krank vor Eifersucht wie am ersten Tag ihrer Ehe. Ihr Mann beschuldigte sie immer wieder, nach all diesen Jahren, sie sei ihm sicher fremdgegangen und sie sei eine Hure. Er behauptete, sie hätte ihn nie geliebt. Seine Bosheit machte sie krank und sie hoffte, er würde bald sterben. Ihr schwarzer Fleck war ihr Mann.

Franz wusste, dass die Frauen in der Kirche nicht nur um ihn trauerten. Er wusste, dass sie ihr persönliches Leid mit der Trauer um ihn verbanden. So konnte jede auf seine Art ihrem schwarzen Fleck Ausdruck geben. Und das gefiel Franz.

Von oben sieht alles belanglos aus

Wir hatten gehofft, dass wir davonfliegen würden, wenn wir nur lange genug in den Himmel starrten. Ohne Flügel, gemeinsam abheben, wie die Superhelden in den Filmen. Ich gehörte zu ihm, er zu mir. Wir waren füreinander das Versteck, in das sich verletzte Tiere zurückziehen, um ihre Wunden zu lecken. An schönen Tagen sassen wir auf dem kleinen Vorplatz vor seinem verwitterten Haus. Ein alter Tisch, zwei Stühle und eine Sicht, die jeder Postkarte spottete. Der blaue See, die grünen Berge und gefleckte Kühe. Kitschiger hätte das Panorama nicht sein können.

Wir tranken Tee, rauchten und hörten Musik. Der Tee spülte unsere vom Weinen trockenen Kehlen weich. Manchmal suchte meine Hand die seine und liebkoste sie kurz. Dann schaute er mich an und sein düsterer Blick wurde weich und füllte sich mit Licht. Wären wir in diesem Moment gestorben, hätten wird gelächelt.

Der Rauch liess uns die Musik intensiv spüren. Die Töne waren unser fliegender Klangteppich auf dem wir dahinschwebten. Auf diesem Teppich aus Melodien erhoben wir uns in die Lüfte und hielten uns eng umschlungen. Zusammen waren wir Eins. Von oben sieht alles belanglos aus. Sogar Schmerz und Angst.

Die Klänge der Musik schwebten wie die Samen einer Pusteblume, wenn sie den Blütenkorb des Löwenzahns tanzend verlassen. Sie flogen in unsere Ohren, krochen in unsere Köpfe und kämpften sich durch zu unseren gebrochenen Herzen. Jeder einzelne Ton liess sich wie ein kleiner Käfer auf unseren Armen nieder. Sie frassen sich gierig durch die Haut und nisteten sich in unseren blutenden Wunden ein. Sie suchten Geborgenheit.

Ich drehte meinen Kopf und fragte ihn: “Hören die Angst und dieser Schmerz jemals auf?” Er hob seine kühle Hand und strich mir zärtlich über die Wange. Dann stand er auf, liess sich auf den Boden nieder und setzte sich zu meinen Füssen. Sein Kopf auf meinem kalten Schoss. Er schloss die Augen und ich streichelte sanft sein Haar. Wir warteten auf die Antwort.

Vom „Frau sein“ und seinen Tücken

Kondome: Fragen Sie Ihren Arzt oder Apotheker - sicher nicht mich!

Eines Tages entdeckte ich im Badezimmer eines befreundeten Paares einen Versandkatalog der erotischen Art. Ohne mit der Wimper zu zucken, griff ich zu und schmökerte darin. Nicht weil ich lüstern war. Oh nein! Dieses intensive Blättern hatte nur einen Zweck: Weiterbildung!

Ich wollte wissen, was es zur Luststeigerung gibt oder wie ich meine Liebesspiele perfektionieren könnte. Auf einer Seite sah ich Kondome mit Noppen. „Wow!“, dachte ich, „Noppen, das muss doch das ultimative Gefühl für die Frau sein. Diese Kondome will ich!“

Ich äusserte meinen Wunsch bei meinem Angetrauten, der sich einen Tag darauf in einen Erotikshop begab. Er kaufte ein Päckchen „Billy Boys“, zwei Kondome mit Noppen - für sieben Franken. Als er nachhause kam, riss ich ihm die Packung sofort aus den Händen. Ich hielt die Kondome ehrfurchtsvoll hoch und betrachtete die Verpackung. Meine Ohren wurden rot vor Aufregung. Mein Mann wiederum riss sie mir aus den Händen und meinte mit erhobenem Mahnfinger: „Die waren so teuer, diese Pariser werden nur bei einer besonderen Gelegenheit benutzt!“ Ich nickte enttäuscht.

Ein paar Wochen später waren wir in Thailand. Eines Abends nach einem üppigen Nachtessen, aufgewärmt von der Sonne und ein paar Tequilas, entschieden wir uns, dass dieser Abend der Richtige sei für unser ultimatives Sexerlebnis. Wir wollten an diesem memorablen Abend, eine neue Ära allumfassender Ektase einläuten. Dieses Mal hatten wir beide rote Ohren.

Mit zitternden Händen stülpte er die noppige Erfüllung unserer Lustträume auf seinen Liebeskrieger. Ich sah mit glänzenden Augen gebannt zu, atmete tief ein und bereitete mich für den Orgasmus meines Lebens vor. Entscheidende Fragen wie: „Falle ich in Ohnmacht vor Lust?“, oder „Werde ich das Nirwana der Wonne erreichen?“, schwirrten in meinem Kopf wie ein wildgewordener Bienenschwarm.

Dann wurde ich mit tiefen Stössen beglückt. Ich genoss sein Liebesorchester und wartete auf den ultimativen Kick. Er stöhnte lauter als sonst und variierte mit seinem Dirigentenstab den Rhythmus. Seine Hüften wackelten und zappelten wie die eines Sambatänzers. Ich wartete auf mein Orgasmusparadies. Doch nichts geschah! Nicht, dass mir der Akt nicht gefallen hätte. Aber ich spürte nichts von den Noppen. Einfach nichts.

Mein Mann fragte immer wieder keuchend: „Spürst du was, spürst du was?“ Ich schwöre, ich ging wirklich tief in mich hinein und horchte und spürte. Aber ich spürte nichts, was mir nicht schon bekannt gewesen wäre. Mein Gatte stöhnte immer lauter und gequälter, so dass ich mir überlegte, ob ein Gehörschutz angebracht wäre. Da riss er sich von mir los und brüllte: „Ich halte das fast nicht aus! Es brennt höllisch!“

Die Moral der Geschichte? Männer, schaut immer bei genoppten Kondomen, ob sie richtig aufgerollt wurden!

Nordisch schlafen schadet der Figur

Was sehne ich mich nach der guten alten Zeit zurück, als die Betten noch weisse Leintücher trugen. Sie machten uns Frauen immer eine gute Figur, ob wir sie hatten oder nicht.

Lagen die Laken straff übers Bett gezogen, standen sie für Vorfreude und bevorstehenden Sinnesgenuss. Waren sie danach aufgewühlt und zerknittert, konnte man sie nach dem Akt kunstvoll drapiert um den Körper legen und schon sah man aus wie ein Hollywood-Star: Die Figur umhüllt von strahlendem Weiss. Keine Dellen an den Oberschenkeln, keine Speckwellen am Bauch. Nur liebliches, mildes Weiss, das uns im Tageslicht göttlich erscheinen liess.

Ja, wir waren Göttinnen! Und wie die Venus von Milo aus der Muschel stiegen wir aus dem Bett. Das Weiss des Leintuches so leuchtend hell, dass es den Mann blendete. Wir waren genau das, was wir Frauen immer sein wollten und immer noch wollen: Die Aphroditen ihrer Männer!

Gingen wir aus den Schlafzimmer, sahen wir aus wie Prinzessinen mit Schleppe. Das Haar schwang mit beim Gang auf die Toilette und das Laken glitt sanft über den Boden. Der Mann im Bett war glücklich und die Frau auch. Sie wusste, er würde ihre dicken Oberschenkel nicht bemerken. Und, dass der Hintern auch nicht mehr das war, was er in den Hosen zu versprechen schien, sah er durch das Laken auch nicht.

Doch heute ist alles anders! Jetzt bevölkern Duvets die Schlafzimmer, auch „nordisch schlafen“ genannt.

Wenn wir heute aus dem Bett steigen, klemmen wir uns ängstlich das dicke Duvet unter die Arme. Wie eine russische Gewichtheberin schleichen wir langsam aus dem Schlafzimmer. Der Mann beobachtet durch halbgeöffnete Lider eine Matrone, die sämtliche auf dem Boden liegenden Dinge mitschleppt. Das Duvet füllt sich unten mit Gegenständen, was uns wie eine standhafte, römische Säule aussehen lässt.

Wenn wir nicht vorsichtig genug sind, zerstören wir die kostbare Vase aus der Ming-Dynastie. Das Foto seiner Ex im Designrahmen landet mit einem lauten Knall auf dem Boden. Was nicht niet- und nagelfest ist, wird zu Boden gerissen. Mitten drin stehen wir, wie Michelinmännchen, beim Versuch uns lächelnd zu entschuldigen. Spätestens da wird uns eines klar: Unsere Silhoutten haben nicht im Geringsten mit den von den Frauen aus dem Pirelli-Kalender zu tun! Nordisch schlafen schadet der Figur. Egal, ob man eine Gute hat oder nicht. Duvets sind unerotisch.

Die klare Alternative zu Duvets wäre, nackt aufzustehen, die Augen zu schliessen und zu hoffen, er sähe einem nicht. So, wie man es als Kind getan hat: Wenn ich dich nicht sehe, siehst du mich auch nicht. Das funktioniert aber auch nur in der eigenen Wohnung. Ist man zu Gast, hat man ohne „Ortskenntnisse“ verloren.

Ich sehne mich nach den guten alten Leintüchern zurück.

Ein hübscher Mann im falschen Beruf ist ein Albtraum für die Frau

Eines, der peinlichsten Dinge, die dir als Frau widerfahren kann, ist einem hübschen Mann zu begegnen, der eine intime Dienstleistung für dich erbringt. Und nein, ich spreche nicht von einem Callboy.

Ich denke hier an einen Zahnarzt. Angenommen, du gehst notfallmässig mit einer dicken Backe in eine Zahnarztpraxis. Du fühlst dich sowas von Scheisse. Du hast geschwollene Augen, weil der Schmerz in den ganzen Kopf ausstrahlt und du geheult hast wie eine Sirene. In diesem Moment bist du sicher nicht darauf vorbereitet, den Mann deiner Träume zu treffen.

Da sitzt du nun auf dem Zahnarztstuhl und leidest. Du hasst den Duft des sterilen Zimmers. Meistens spürst du, was bei anderen Frauen abgeht. Doch das nette Fräulein, die dir das Lätzchen umgebunden hat, besass etwas Schadenfreudiges in ihren Augen, das du nicht zu deuten vermochtest.

Es öffnet sich die Türe. Und was passiert? Hä? WAS PASSIERT? Da schwebt Herr Zahnarzt herein. Ja, nicht gehen sondern schweben! Ein Adonis, der Gott des wildesten Befingerns, der Brad aller Pitts! Und du? Du starrst ihn nur dumm an wie ein überraschtes Schulmädchen. Du stellst beleidigt fest, dass du nicht mal in deinen wildesten Masturbationsphantasien von so einem Mann geträumt hast. Weil du dir nicht vorstellen konntest, dass ein Mann so hübsch aussehen kann.

Er nähert sich. In Sekundenschnelle scannst du seine Augen, seine Hände und seinen Körper. Deine Nase schlägt Flirtalarm..... sein Duft.

Dann hast du die ultimative Erleuchtung! Er ist es! Der Herr deiner Augenringe nach einer heissen Nacht! Der Terminator deiner Orgasmen! Der

Bogart deines Unterleibes! Mit dicker Backe und Augen wie zwei Miesmuscheln hörst du dich von weit weg „Hallo“ sagen. Die Aufregung rauscht in deinen Ohren. Er gibt dir die Hand. Dieser Händedruck! Du beschliesst augenblicklich, deine rechte Hand nie mehr zu waschen. Nie mehr!

Er betrachtet dich, fordert dich auf den Mund zu öffnen und du weisst nicht, ob du ihm jetzt gleich oder erst nach der Behandlung einen Heiratsantrag machen sollst. Als er vorsichtig sein Instrument in deinen Mund einführt, besinnst du dich. Mädchen, mal ehrlich! Was bietest du ihm an? Eine dicke Backe und ein Loch im Zahn?

Der Fisch und seine getunten Frauen

Ich mag meinen Freund, den Fisch, sehr. Darum wünsche ich mir, dass er sich eine Frau aussucht, die ihn wirklich liebt. Leider scheinen unsere Auswahlkriterien, betreffend Aussehens seiner Dulcinea, nicht übereinzustimmen.

Der Fisch steht auf getunte Frauen. Also auf Frauen, die bei körperlichen Merkmalen wie Möpsen und Co. nachgeholfen haben. Wenn er mir ihre Fotos zeigt, wirken diese Frauen, als ob sie aus einem ukrainischen Frauenversandhaus stammen würden. Perfektes Make-up, Frisur à la Hollywood und Kleider, die genau das zeigen, was Mann gerne sieht. Versteht mich nicht falsch. Auch ich mache mich gerne schick und will gut aussehen. Aber ich lasse mich nicht massschneidern, als ob ich von der Stange wäre. In diesem Fall ist die Stange: grosse Brüste, Stupsnäschen und Schmollmund.

Aber kommen wir zurück zu den Supermiezen meines Freundes, des Fisches. Wenn sie ihm Mails senden, schreiben sie nicht über Goethe oder diskutieren über Proust. Sie reden über „Kohle“ und wie eng Liebe und „Kohle“ verbunden seien. Leider ist mit dem Begriff “Kohle” nicht die wärmende Glut der Liebe gemeint. Methaphern kennen diese Frauen nicht. Nur Bares ist Wahres, wobei das Zücken der Kreditkarte wenigstens ein Glimmen in ihren Augen auslöst. Männer sind ihre Einnahmequelle für ein gediegenes, sorgenfreies Leben. Dafür bieten sie ihren Luxuskörper an. Das nennt sich Fleischökonomie.

Das sind Vermutungen meinerseits und ich habe Vorurteile. Er meint, ich sähe immer nur das Schlechte, das Haar in der Suppe. Aber ich kann nicht anders, ich habe zu viele Haare auf dem Kopf.

Er hingegen findet in diesen Frauen immer etwas Gutes. Er spüre es, das Gute, meint er. Er wolle sie retten. Und das finde ich wiederum heldenhaft. Mich hat er auch gerettet. Nur, ich war weder auf seine Liebe noch seine „Kohle" aus. Er gab mir Zuversicht in schweren Zeiten. Ich mag seine unbeirrte Art, in jeder aufgepimpten Barbie die weiche Vanille-Seele zu sehen.

Und wer weiss, vielleicht schüttle ich eines Tages die Hand einer Miss Babuschka, die, auch für mich glaubwürdig, mit voller Inbrunst zu mir sagt: " I love chim with all my chard"!

Canela Tarantina schlägt zu

Der Zug war gerade in den Bahnhof eingefahren. Als ich aufstand und meinen grünen Mantel anziehen wollte, hörte ich leise hinter mir: “Geiler Arsch!” Blitzschnell drehte ich meinen Kopf und schaute wütend, mit zusammengekniffenen Augen, den Missetäter an. Er stand weiter hinten und hielt seine Jacke in der Hand. Er war gross, bullig und hatte in seinem dicken Gesicht hervorstehende Schweinsäuglein. Und er war mindestens zwei Köpfe grösser als ich.

Ich ging langsam auf ihn zu, dabei starrte ich ihn böse an. Als ich vor ihm stand, verpasste ich ihm blitzschnell einen Kinnhaken. Noch bevor er auf den Boden aufprallte, packte ich seinen Bulldoggen-Kopf im Schwitzkastengriff. Man hörte ihn erstaunt aufstöhnen. Totenstille legte sich über das Zugabteil. Man hörte weder das Rascheln der Zeitungen, noch tippte jemand auf seinem Laptop. Handygespräche wurden unterbrochen. Es herrschte eiskalte Stille. Ich hatte Glück. Nur Männer sassen in meinem Abteil und starrten mich mit grossen, angsterfüllten Augen an.

Fatman keuchte unter meinem harten Griff. Ich zischte böse: ”Wie heisst das? Du Arsch!” Er stöhnte und sabberte. Mein Würgegriff hielt ihn hammerhart fest. Er keuchte ein heiseres: “Geiler Arsch?” Ich verpasste ihm eine Kopfnuss. Die Zuschauer fuhren erschrocken zusammen. Ich sah in ihre weit aufgerissenen Augen und ich roch förmlich ihre Angst.

Ich zog seinen Kopf an den Haaren nach hinten und schrie ihn an: “VERDAMMT GEILER ARSCH, HEISST DAS! VERDAMMT GEILER ARSCH!!” Der alte Mann, links zu meiner Seite, hielt sich entsetzt die Ohren zu und begann zu weinen. Verzweifelt wiederholte das Michelin-Männchen: “VERDAMMT GEILER ARSCH!”

Ich liess ihn sofort los und er plumpste auf den Boden. Er schluchzte leise: "Entschuldige." Die anderen Männer im Abteil rutschen unruhig auf ihren Sitzen. Ich schaute jedem Einzelnen böse und tief in die Augen. Dann schloss ich kurz meine Augen und atmete die schwere angstgeschwängerte Luft ein. Mir wurde fast schwindlig vor Glück. Ich nahm meinen Mantel, knöpfte ihn langsam zu und verliess das Abteil.

Printed by Books on Demand GmbH, Norderstedt / Germany